Julius Caesar

Jacob Abbott

凯撒大帝

征服高卢、罗马内战与帝制时代奠基

全景插图版

[美] 雅各布・阿伯特 著
朱利勇 译

華文出版社
SINO-CULTURE PRESS

图书在版编目（CIP）数据

凯撒大帝 / (美) 雅各布 · 阿伯特著; 朱利勇译
. -- 北京： 华文出版社， 2019.5 （2023.6重印）
（美国国家图书馆珍藏名传）
ISBN 978-7-5075-5031-3

Ⅰ. ①凯··· Ⅱ. ①雅··· ②朱··· Ⅲ. ①恺撒(Caesar,
Gaius Julius 前100-前44)—传记 Ⅳ. ①K835.467=2

中国版本图书馆CIP数据核字(2018)第265350号

凯撒大帝

KAISADADI

作　　者：[美] 雅各布 · 阿伯特
译　　者：朱利勇

选题策划：
插图供应：029—89257605
责任编辑：胡慧华
出版发行：华文出版社
社　　址：北京市西城区广外大街305号8区2号楼
邮政编码：100055
网　　址：http：/ / www.hwcbs.cn
电　　话：总编室010—58336239　发行部010—58336267
　　　　　责任编辑010—58336197
经　　销：新华书店
印　　刷：永清县晔盛亚胶印有限公司
开　　本：880 × 1230　1 / 32
印　　张：10
字　　数：168千字
版　　次：2019年5月第1版
印　　次：2023年6月第3次印刷
标准书号：ISBN 978-7-5075-5031-3
定　　价：78.00元

出版说明

《美国国家图书馆珍藏名传》共22册，作者是美国著名历史学家、教育家雅各布·阿伯特。他以独特的视角研究公元前7世纪到公元18世纪2500年的世界史，最后写出了这套影响深远的人物传记。读者能通过阅读这些风云人物，更好地理解那段历史、那段时光，这是我们出版这套书的最大良善。为更好地使读者全面了解该丛书，现作如下说明：

一、关于版本。据不完全统计，这套丛书的英文版多达上百个。其中，以哈珀兄弟出版公司于1904年出版的版本最具代表性和权威性。本丛书正是根据该版翻译而成，以保证版本的质量。

二、关于插图。这些人物距现代已经很久远了。读者可能会问：他们长什么样子？穿什么衣服？仗是如何打的？外交是如何谈的……为了让读者更形象地了解当时的历史，我们精心为各书选配了约百幅插图。这些插图包括但不限于油画和版画。我们希望，通过品味插图的艺术之美，读者获得一种不是穿越胜似穿越的强烈体验，从而更好地对当时的风土人情有更直观的体察。

三、关于注释。为了确保内容的正确性、权威性，版权方进行了大量的考证工作。考证的结果以注释的形式体现。另外，内文中很多涉及地图的地方，我们尽量尊重作者，尊重历史，保存原貌，如有出入，请读者认真分辨。

四、关于译者。本丛书由多所大学的一线英语老师及教授翻译而成。各位老师治学严谨，文笔优美，为确保丛书的质量奉献良多。《凯撒大帝》一书由江西科技师范大学的朱利勇老师翻译而成。

尽管出版前我们做了许多工作，但不足之处实难避免，欢迎读者朋友多提宝贵意见。

原序

当某个历史人物因某些原因而举世瞩目后，历史学家们往往会从不同角度、用不同形式向公众展现这个人物的生平。但在阅读他们的作品时，读者们常常困惑不已，明明是同一个人、同一件事，为何他们的描述却如此不同呢？这是因为不同的读者有不同的需求，而这些历史作品都是针对某一特定的读者群体而编撰的。

在两千万美国人民中，十五岁到二十五岁的青年人大约有两百万，他们渴望了解古代的历史大事。可是，涉世未深的他们却不知道，他们所处的时代与他们所想了解的时代大不相同，思想与观念都发生了巨大变化。因此，如果仅仅编纂、出版现存史料的话，我们是无法满足他们的阅读需求的。而且，在生活环境、思想观念和阅读目标上，这一特定读者群与历史学家们的目标读者也不尽相同，在向他们讲述历史故事时，我们必须做出合理的取舍，把故事讲精彩，把解释说明白，把观点表达清楚。因此，为了满足这些特殊读者的特别需求，我专门编撰了这套历史传记丛书。在编撰本套丛书时，我以上述标准严格要求自己，详细地了解了我的目标读者们的情况与人文诉求，希望我的作品能够满足他们的阅读需求。

目录

第一章 | 马略和苏拉 …………………………………………… 001

欧洲三大古老民族——亚历山大大帝——汉尼拔力量惊人——凯撒大帝——古罗马帝国——行省——对外战争——常胜将军——军事对手——马略和苏拉——贵族派和平民派——公民辩论——军权之争——苏拉的暴行——马略战败——马略溃逃——马略回归——马略进军罗马——执行马略处决令——塔尔皮亚岩——塔尔皮亚岩传说——地下通道——苏拉妻子的逃亡——马略生病——苏拉有罪——马略神智错乱——马略死亡——苏拉回归——马略之子——剥夺公民权和大屠杀——处决令——苏拉的放逐——人类本性——农户——罗马是如何建成的——列队的士兵——尤里乌斯·凯撒——苏拉对凯撒的敌意——凯撒拒绝与妻子离婚——凯撒逃亡——独裁者苏拉——辞去权位——人们对马略和苏拉的看法

第二章 | 尤利乌斯·凯撒的早年时期 ……………………………… 027

尤利乌斯·凯撒的决心——长相与性格——苏拉对尤利乌斯·凯撒的评价——尤利乌斯·凯撒的朋友为他求情——尤利乌斯·凯撒的学业——想成为演说家的抱负——罗马广场——柱廊和雕像——广场景点——阿波罗尼——尤利乌斯·凯撒师从阿波罗尼——尤利乌斯·凯撒流浪——百夫长抓获尤利乌斯·凯撒——尤利乌斯·凯撒在小亚细亚——加入尼科美德四世宫廷——西里

西亚居民的特征——诗人和历史学家眼中的西里西亚人——劫匪和海盗——西里西亚人的抢掠——远征西里西亚——西里西亚人的勇气——尤利乌斯·凯撒被抓——霸气的尤利乌斯·凯撒——尤利乌斯·凯撒获得自由——抓获海盗——罗德岛上的尤利乌斯·凯撒——返回罗马——尤利乌斯·凯撒弹劾多拉贝拉——精彩结局——尤利乌斯·凯撒提升权力地位——马略妻子之死——尤利乌斯·凯撒为马略妻子致挽词——演说成功——尤利乌斯·凯撒为亡妻致挽词——贵族派的警惕——尤利乌斯·凯撒执政——表演和娱乐——尤利乌斯·凯撒的奢华——尤利乌斯·凯撒的窘境

第三章 | 凯撒逐步掌权 ………………………………………… 051

尤利乌斯·凯撒掌权——罗马政府——贿赂与腐败——公共娱乐——民众娱乐活动——政府供给——如何支持人民——土地法——罗马政府——罗马的外交政策——尤利乌斯·凯撒的策略——尤利乌斯·凯撒的成功——升任财务官——尤利乌斯·凯撒离开西班牙——尤利乌斯·凯撒的计划——被控叛国罪——担任营造官——角斗士表演——尤利乌斯·凯撒威望日益提高——尤利乌斯·凯撒受到阻挠——尤利乌斯·凯撒的愤恨——恢复马略地位——贵族的愤怒——善良女神——克劳狄乌斯——尤利乌斯·凯撒与妻子离婚——克劳狄乌斯与米洛的斗争——当时的暴力——喀提林阴谋——元老院的激烈辩论——尤利乌斯·凯撒身处险境——角逐大祭司长——罢免尤利乌斯·凯撒——尤利乌斯·凯撒的隐忍——恢复职位——牵连喀提林的阴谋——逮捕维提乌斯——尤利乌斯·凯撒的窘境——掌管西班牙——瑞士小村庄——尤利乌斯·凯撒的野心——选择执政官的方式——庞培与喀拉苏——前三巨头——执政官候选人：尤利乌斯·凯撒——尤利乌斯·凯撒全面掌权——囚禁加图——毕布路斯辞职回家——尤里乌斯-凯撒之年

第四章 | 征服高卢 ………………………………………… 077

尤利乌斯·凯撒渴望成为战士——成就与声望——征战地区——山南高卢和山北高卢——凯撒时代的高卢——非凡骑兵团——尤利乌斯·凯撒的计划——尤利乌斯·凯撒的借口——阿里奥维斯图斯——爱杜依人——尤利乌斯·凯撒与阿里奥维斯图斯的谈判——尤利乌斯·凯撒的口信——阿里奥维斯图斯回复尤利乌斯·凯撒——作战准备——罗马军队陷入恐慌——尤利乌斯·凯撒的演讲——尤利乌斯·凯撒演讲的效果——双方会面——两军会谈——尤利乌斯·凯撒信使被抓——日耳曼人战败——解救尤利乌斯·凯撒信使——胜利的果实——尤利乌斯·凯撒频传捷报——北方民族介绍——奇怪的风俗——训练有素的马匹——尤利乌斯·凯撒大受欢迎——尤利乌斯·凯撒的军事习惯——修建横跨莱茵河的桥梁——驿站制度——伟大功能——尤利乌斯·凯撒入侵不列颠——入侵借口——尤利乌斯·凯撒咨询商人——沃卢森努斯——尤利乌斯·凯撒召集船只——军队登船——舰队航行——不列颠人备战——尤利乌斯·凯撒召开军官会议——登陆——开战——不列颠人战败——尤利乌斯·凯撒在罗马的声望——征战伟绩

第五章 | 凯撒与庞培之争 ………………………………………… 103

庞培的诞生——庞培的个人形象——计划刺杀庞培——庞培的冒险和逃脱——庞培父亲之死——庞培为父亲辩护——庞培成为将军——庞培打败敌军——庞培声望不断提高——庞培的谦逊——一个例子——庞培与妻子离婚——庞培娶苏拉的继女为妻——庞培在非洲的成功——庞培士兵的忠诚——庞培的“大帝”称号——庞培要求举行凯旋仪式——苏拉拒绝庞培的凯旋仪式——但苏拉最后同意了——庞培的凯旋仪式——庞培在罗马的行为——西利西亚海盗——海盗日益猖獗——西里西亚的船只和堡垒——征服海盗——消灭海盗的计划——规模庞大——任命庞培为指挥官——粮食价格下跌——庞培大获全胜——庞培驱逐海盗——罗马狂欢——海盗聚集——海盗投降——大战——处置海盗——庞培征服小亚细亚——庞培盛大的凯旋——前三巨头——庞培的妻子茱莉亚·凯撒——庞培与尤利乌斯·凯撒公开为敌——庞培与尤利乌斯·凯撒的野心

第六章 | 跨越卢比孔河 ······································ 127

卢比孔河——不起眼的小溪——重要的边界——尤利乌斯·凯撒在罗马花费钱财——尤利乌斯·凯撒的影响力——庞培大受欢迎——以庞培之名公开祭天——庞培估计尤利乌斯·凯撒的权力——尤利乌斯·凯撒的计划——尤利乌斯·凯撒抵达拉文那——庞培的要求——尤利乌斯·凯撒要求担任执政官——结局喜人——元老院辩论——骚动与混乱——罗马的恐慌——尤利乌斯·凯撒在拉文那——尤利乌斯·凯撒半夜行动——尤利乌斯·凯撒迷路——尤利乌斯·凯撒在卢比孔河岸——尤利乌斯·凯撒在卢比孔河岸的犹豫——牧羊人小号手的故事——尤利乌斯·凯撒跨河——尤利乌斯·凯撒集结军队——尤利乌斯·凯撒讲话——城镇纷纷投降——指派多米提乌斯取代尤利乌斯·凯撒——罗马陷入恐慌——庞培的窘况——庞培离开罗马——尤利乌斯·凯撒士兵士气高涨——释放多米提乌斯的策略——尤利乌斯·凯撒的信——多米提乌斯忘恩负义——尤利乌斯·凯撒的大度——如今的政治家——尤利乌斯·凯撒到达布林迪西——围攻庞培——庞培计划逃跑——向尤利乌斯·凯撒传递消息——庞培计划成功——尤利乌斯·凯撒执掌罗马——尤利乌斯·凯撒征服不同国家——心思转向庞培

第七章 | 法沙利亚大决战 ······································ 153

集结军队——庞培备战——尤利乌斯·凯撒在布林迪西整装待发——战前动员——尤利乌斯·凯撒强渡亚得里亚海——征服数个城镇——尤利乌斯·凯撒向前挺进——军队深陷危难——尤利乌斯·凯撒焦躁不安——尤利乌斯·凯撒试图横渡亚得里亚海——滞留军队成功登陆——试图谈判——会谈——会谈以武力和混乱告吹——战况不明——树根面包——尤利乌斯·凯撒围困庞培——焦虑的宿敌——尤利乌斯·凯撒和庞培战争的本质——双方都犹豫不决——大军踏入塞萨利——法沙利亚平原——罗马旗手——庞培调配军队——两军对决——庞培驻营外观——庞培的帐篷——庞培胜券在握——法沙利亚战役——庞培战败——恐怖场面——庞培逃回营地——庞培钻进营帐——庞培陷入绝望

第八章 | 庞培逃亡 …………………………………………………… 169

乘胜追击——庞培休息——庞培乔装打扮——庞培逃出营地——坦佩谷——坦佩谷风景如画——庞培的遭遇——喝水——尤利乌斯·凯撒在庞培的营地——庞培军队撤退——庞培军队投降——庞培在坦佩谷——庞培登船——船长的梦——庞培登上商船——庞培抵达安菲波利斯——庞培的妻子科妮莉亚——庞培妻子的美丽和成就——庞培到达米提利尼——庞培与科妮莉亚重逢——庞培召集一支小型舰队——庞培沿地中海航行——庞培收到更多物资——庞培向埃及寻求庇护——托勒密十三世与克利奥帕特拉七世——庞培到达贝鲁西亚——会议决定谋杀庞培——刺客阿基拉斯——庞培朋友的怀疑——科妮莉亚的恳求——庞培的绝望处境——庞培决定登陆——准备登陆——庞培与妻子告别——刺杀——死气沉沉——刺杀庞培——科妮莉亚——焚尸柴堆

第九章 | 埃及征战 …………………………………………………… 191

法沙利亚战役后的尤利乌斯·凯撒——尤利乌斯·凯撒的仁慈——尤利乌斯·凯撒追捕庞培——戴安娜神殿的珍宝——尤利乌斯·凯撒在小亚细亚——尤利乌斯·凯撒乘船去埃及——尤利乌斯·凯撒在亚历山大城——罗马束棒——执束杆侍从——庞培头颅被送给尤利乌斯·凯撒——尤利乌斯·凯撒哀悼庞培——庞培的指环印章——尤利乌斯·凯撒对庞培纪念物的尊重——庞培纪念柱——庞培纪念柱的起源——庞培纪念柱——庞培军官投降——尤利乌斯·凯撒的宽宏大量——尤利乌斯·凯撒在亚历山大的地位——尤利乌斯·凯撒干预埃及内政——克利奥帕特拉七世——尤利乌斯·凯撒对克利奥帕特拉七世不道德的感情——托勒密十三世的抵抗——亚历山大战役——法罗斯——法罗斯的壮观——尤利乌斯·凯撒占领法罗斯——法罗斯的位置——尤利乌斯·凯撒身处险境——尤利乌斯·凯撒死里逃生——亚历山大图书馆——亚历山大图书馆的大火——尤利乌斯·凯撒回到罗马——克利奥帕特拉七世后来的冒险——克利奥帕特拉七世的豪华游船——马克·安东尼和屋大维——克利奥帕特拉七世之死

第十章 | 凯撒大帝 …………………………………………………… 221

尤利乌斯·凯撒再次回到罗马——联合抵制尤利乌斯·凯撒——“我来了，我看见了，我征服了”——尤利乌斯·凯撒独裁——马尔库斯·波尔基乌斯·加图反对——庞培的儿子们——士兵们的抱怨——哗变——军队进入罗马城——士兵的计划——军队游行至城内——战神广场——尤利乌斯·凯撒对全军演说——演说效果——士兵的依附——尤利乌斯·凯撒赴非洲——马尔库斯·波尔基乌斯·加图把自己关在非洲——马尔库斯·波尔基乌斯·加图之死——愚蠢的自杀——尤利乌斯·凯撒在西班牙——打败庞培儿子——大象举火把——尤利乌斯·凯撒凯旋——凯旋的巡游车散架——大象火炬手——战利品和徽章——旗帜和画作——公共娱乐——各种庆典娱乐活动——海上对抗——尤利乌斯·凯撒的权力——授予的荣誉——尤利乌斯·凯撒雕像——内务改革计划——古代历法划分——尤利乌斯·凯撒推行历法改革——新老历法——尤利乌斯·凯撒收集方法施展计划

第十一章 | 刺杀凯撒的阴谋 ……………………………………… 251

罗马人非常憎恶“国王”——凯撒在公共剧院中的宝座——凯撒的计划——《西卜林预言》——与帕提亚人交战——凯撒的加冕日——刺杀计划的主谋——该尤斯·卡西乌斯——马库斯·布鲁图——利古里乌斯对凯撒的敌意

第十二章 | 凯撒遇刺身亡 ……………………………………………… 275

尤利乌斯·凯撒多次收到警告——坟墓和铭文——尤利乌斯·凯撒的战马——占卜师——猎鹰与鹪鹩——尤利乌斯·凯撒内心烦躁——尤利乌斯·凯撒的梦——卡尔普尼亚·皮索尼斯的噩梦——心神不宁——尤利乌斯·凯撒犹豫不决——德奇姆斯·布鲁图——德奇姆斯·布鲁图等待尤利乌斯·凯撒——

劝说尤利乌斯·凯撒去元老院——阿特米德罗斯发现阴谋——阿特米德罗斯提醒尤利乌斯·凯撒——尤利乌斯·凯撒与斯普林那——尤利乌斯·凯撒到达元老院——同谋者的决定——尤利乌斯·凯撒和庞培的雕像——阴谋者的计划——马克·安东尼——请愿——尤利乌斯·凯撒遇袭——尤利乌斯·凯撒抵抗——庞培的雕像——尤利乌斯·凯撒寡不敌众——尤利乌斯·凯撒死亡——元老们逃离——大骚乱——阴谋者们前往朱庇特神殿——宣扬自己的功绩——尤利乌斯·凯撒伤口数量——奴仆把尸体运回家——阴谋者的讲话——民众的感情——尤利乌斯·凯撒的遗嘱——遗嘱条款——准备葬礼——战神广场——马克·安东尼的演讲——葬礼柴堆——罗马广场焚烧尸体——大火——尤利乌斯·凯撒纪念碑——彗星

附 录 | 专有名词汉英对照 ………………………………… 303

第一章

马略和苏拉

精彩看点

欧洲三大古老民族——亚历山大大帝——汉尼拔力量惊人——凯撒大帝——古罗马帝国——行省——对外战争——常胜将军——军事对手——马略和苏拉——贵族派和平民派——公民辩论——军权之争——苏拉的暴行——马略战败——马略溃逃——马略回归——马略进军罗马——执行马略处决令——塔尔皮亚岩——塔尔皮亚岩传说——地下通道——苏拉妻子的逃亡——马略生病——苏拉有罪——马略神智错乱——马略死亡——苏拉回归——马略之子——剥夺公民权和大屠杀——处决令——苏拉的放逐——人类本性——农户——罗马是如何建成的——列队的士兵——尤里乌斯·凯撒——苏拉对凯撒的敌意——凯撒拒绝与妻子离婚——凯撒逃亡——独裁者苏拉——辞去权位——人们对马略和苏拉的看法

古代欧洲有三大民族：希腊、迦太基和罗马。他们各有一位自己的英雄。

亚历山大大帝是希腊人的英雄。他是希腊本土北部马其顿王国的国王，曾亲率民族大军远赴亚细亚，为征服和荣誉而战，建都巴比伦，成为亚洲的霸主，最终却因过度沉迷无尽成功的诱惑而英年早逝。他的英名在于成功地为自己缔造了一个庞大的帝国，更因青年时期就能成就霸业，让人对他钦慕有加。

迦太基人的英雄是汉尼拔·巴卡[①]。我们把迦太基人归为古代欧洲民族，因为虽然他们的都城位于非洲地中海沿岸，但这个民族的起源、文明及所有的商业、政治关系都属于欧洲。汉尼拔·巴卡是迦太基人的伟大英雄，因其充沛的精力和无法消亡的仇恨而闻名于世。他

① 汉尼拔·巴卡（公元前 247—公元前 183），迦太基名将、统帅。——原注

希腊人的英雄亚历山大大帝。这幅图描绘了亚历山大大帝在阿喀琉斯坟墓的情景

汉尼拔·巴卡骑战象出征

毕生致力于维系一个庞大的帝国，五十年来一直处于焦虑恐惧的状态。所以汉尼拔·巴卡的伟大和荣耀在于他坚定的意志和持之以恒以及他获得的成功。他在世时，一直是世界恐惧的源泉。

罗马人的英雄是凯撒大帝。他正好生于公元前100年。他之所以名满天下，不是像亚历山大大帝一样对外征服，也不是像汉尼拔一样对外敌强悍入侵，而是因为他在与国内各路竞争对手旷日持久的可怕较量中最终大获全胜。他上台之时，罗马共和国几乎已经囊括所有值得占领的地区，没有必要再对外征服。在某种程度上，凯撒大帝的确扩大了罗马共和国的疆域，但当时的主要问题在于，谁来继承前任征服者们获取的权力。

当时的罗马共和国不是读者想象的中央集权统治下的统一国家，而是一个大型的国家集团。国家之间大不相同，语言各异，风俗和法律也各不相同，但又与中央集权有着千丝万缕的联系。其中有些国家属于行省，由罗马当局委派总督管辖。除了征税，在许多重要场合，总督还需主持、指导司法行政工作。在任期之内，总督有大把机会积累财富，征收的钱财远超上缴中央政府的数额。法庭上，总督收受贿赂、偏袒富人。因此，越是富裕繁华的行省，越会成为罗马官员竞相赴任的地方。

罗马共和国全盛时期的疆域

重要人物得此委任，在行省待够满意的任期，谋取足够的财富，再回到罗马，利用钱财耍尽阴谋诡计，升官加爵。

每每对外作战，征讨遥远的国家或者部落，罗马军官们总是极度渴望成为指挥官。他们确信自己能克敌制胜。与安守行省的敲诈勒索、索取贿赂相比，战争获胜取得战利品的方式能更快敛财。此外，战胜而归的军事荣誉更能提升他们在罗马的影响力和权力。而且他们还会举行各种庆祝活动和凯旋仪式，吸引着成群结队的民众前来参与、赞美。他们把战利品放在神殿，举办各种赛会和表演供民众消遣，还举行角斗士表演及野兽搏斗等娱乐民众。角斗士和野兽都是对外征战随军带回的，专供民众娱乐所用。这样，在享受凯旋的同时，罗马军官们会把政敌笼罩在自己的光芒之下，使他们不再引人注意，除非有人在其他领域获取同样的荣誉，适时回归，宣扬自己的权力和名望。如此一来，罗马的和平有时会因军事对手的冲突和争夺而受到影响，因为他们的权力太大，共和国的任何民众影响都无法管控他们。

凯撒大帝之前，罗马曾出现两位竞争对手——马略和苏拉，他们之间的斗争无所不在。自那以后，这两个

战斗过后，两名正在休息的角斗士

名字也成了世界不同历史时期敌对与仇恨的代名词。他们分别代表罗马的两大派别。罗马国家和其他国家一样，大多数公民都有发言权。公民一直，而且可能永远会分为上层和下层，当时被称为贵族和平民。苏拉是贵族派，受到上流贵族的支持；马略是平民派，是平民拥护的对

马略

象。然而，相互竞争中，他们并不只靠选票影响，更多的是靠军队威慑。当时有一场战争，要与实力强大的亚细亚君主米特瑞达斯开战，这是一个名利双收的大好机会。苏拉被派去指挥这场战争。但苏拉不在罗马期间，马略推翻决议，派两名保民官到苏拉军营通告这一变化。

苏拉杀了两位官员，因为他们竟敢带来这样的消息。然后，他开始向罗马进军。由于保民官被杀，马略在罗马城中到处寻仇报复，杀了一些苏拉的重要朋友。罗马城中人心惶惶，人人自危。元老院类似于西方的上议院，主要代表贵族的权力，他们理所当然支持苏拉。几里之外，贵族派派人送信，告诉苏拉不要入城。苏拉假装答应，就地扎营，但其实并未真正止步不前。次日清晨，他就攻下了罗马城。马略的支持者负隅顽抗，从屋顶投掷石块，扔向苏拉军队。苏拉下令，凡见屋顶有人抵抗，直接放火焚烧房屋。于是，曾经繁华富庶的都城因为双方的交战而濒临绝境。虽然交战双方都自称是百姓的朋友，但人们仍然胆战心惊、极度惶恐。

最后，马略战败，落荒而逃，滞留下来的朋友大多被杀。苏拉召开元老会，通过一条法令，判决马略为“公敌”，悬赏马略首级。

马略孤寡无助，只身南逃，四处遭人追杀，到处有

苏拉（坐者）与朱古达（戴镣铐者）

人想取其首级领赏。最终数历险境，九死一生，马略渡过地中海逃到迦太基废墟，栖身一间小屋。此时的马略已年逾古稀。

苏拉认为终于灭掉了强劲对手和敌人，便着手准备亚细亚战争。于是，他开始组建军队，建造、装备了一支舰队，开赴战场。他刚一离开，城中马略的支持者便纷纷出来，采取措施重新夺权。马略也从非洲返回，随即集结了大军。他假装是下层百姓的朋友，收编大量叛奴、不法分子和亡命之徒，直奔罗马。他从里到外处处伪装，从着装到气度再到随从的野蛮粗鲁。年迈的他历经劫难，且一心复仇，并为此严密计划，思虑过重，导致面容苍白憔悴。马略一路向罗马城进发，时有罗马元老院委派代表议和，马略只听不从，拒绝任何条件。他一路前行，外表彰显着与他年龄相符的深思熟虑与镇定自如，内心却如凶残的老虎。

马略一占领罗马城，就开始实施摧毁行动。他将一个执政官斩首，悬其首级于城中最显眼处威慑众人。然而这只是个开始。后来，苏拉所有重要的朋友都遭杀害，其中既有高官，也有贵族。一旦发现他们，无需宣判，也无需审讯，没有任何罪名，仅仅依照军令，视作敌人，就地处决。对自己特别反感的人，马略会采用特别处决，

马略逃到迦太基废墟

将此人从“塔尔皮亚岩”上扔下来。

“塔尔皮亚岩”是一处悬崖，约五十英尺高，如今依然可以在罗马看到。当时罪大恶极的国家罪犯会被从悬崖上抛下。他们沿着台阶，被带上崖顶，然后被抛向崖底，痛苦挣扎后惨死。

“塔尔皮亚岩”的名字源于古代塔尔皮亚的故事。传说塔尔皮亚是一位罗马姑娘，生活在早期的罗马。当

古罗马时期的货币，上面描绘的是两个士兵将罪犯从“塔尔皮亚岩”扔下的场景

时罗马城被邻国军队围困。据说这些士兵手持盾牌，胳膊上戴着金手镯，希望塔尔皮亚打开城门让他们进城。塔尔皮亚答应了他们的请求，但要求士兵们留下手镯，因为不知道这些金光闪耀的饰品叫做手镯，就说“你们胳膊上的那些东西”。士兵们答应了她的条件。她打开城门，士兵们冲入城内，没有给她手镯，反而把盾牌砸向她。最终这个可怜的姑娘被盾牌活活压死。事情发生在这座悬崖附近，于是人们就用她的名字来命名了这座悬崖。现在，人们发现，岩石已被凿穿，还有许多地下通道，可能是古代采石场的遗迹。有些廊道已经堵塞，

塔尔皮亚被盾牌活活砸死

有些仍然通畅。据说，直到今天，周边居民仍然相信，塔尔皮亚独自一人，坐在洞窟深处，犹如被施了魔法，身上挂满黄金珠宝。但试图寻找她的人都注定迷路，有去无回。最后这个故事的真实性可能与其他故事一样有待考证。

马略继续屠杀，直到苏拉的支持者被杀光或者被迫逃亡。马略不遗余力，想尽一切办法，搜查苏拉妻儿的踪迹，想把他们一起杀掉，只是没有如愿找到。苏拉的朋友们同情苏拉妻儿的无辜无助，把他们藏了起来。最终马略对他们的杀戮愿望落空。另外，马略也非常失望，因为想杀之人自杀，使他无法复仇。有一个人关上门窗，烧炭自杀，窒息而亡。还有一个人在公祭坛上割脉，流血而死，以自己的牺牲来祈求上帝的裁决，惩罚残酷的暴君。

马略履新良久，地位相当稳固，完全掌控了罗马局势。罗马城也开始复苏，百姓走出死刑判决的诚惶诚恐与惊慌失措。此时马略却病了，患上了严重的突发性疾病。这次患病可能是因为流亡期间经历的极度精神刺激所致，回归之后命运又完全逆转，曾经可怜的逃亡者，藏于黑暗、荒凉的废墟，突然成为世界的主宰。想到苏拉没有被抓也没有被制服，而是在与米特里达特交战，

米特里达特的头部雕像

马略精神激愤。他逼迫元老院判决苏拉为国家公敌，同时还苦思冥想，如何才能在遥远的行省把苏拉抓获。只要苏拉这个强大的对手还活在人世，马略就觉得自己的凯旋不够完美。疾病缩短了马略的这些计划，更使他原有的躁动不安迅速加剧，演变为恶性暴力。

临终的暴君在床上焦躁不安，辗转反侧。显然，内心贪得无厌的野心和汹涌的仇恨，使他超越了平日的冷静，让他再次受到刺激。很快他就精神错乱，开始胡言乱语，以为自己已经成功取代了苏拉，正身处亚洲指挥军队冲锋陷阵。执着于这个想法，他疯狂地盯着四周，时而大喊米特里达特的名字，时而大声向臆想出来的军队下令，时而挣脱侍从的束缚，下床攻击自己的假想敌。如此持续了数日，精神错乱引发的暴力耗尽了马略最后一丝力气。七十年来，那些挥霍在自私、残暴和仇恨的力量终于寿终正寝，终归生命沉沦，再也没有醒来。

马略的儿子，小马略试图继承父亲的权力。苏拉结束了同米特里达特的战争，正从亚细亚返回罗马。显而易见，一场可怕的冲突即将来临。苏拉高奏凯歌，穿越全国。小马略及其同党集合全城兵力，备战防御。城内民众分成两派，贵族派拥护苏拉，而民主派支持马略。政党兴衰，世界大同，犹如潮水，交替起伏。马略派掌权已久，到了衰退之时。正因如此，苏拉发现在前行过程中，执政权力的恢复节节顺利。苏拉摧毁了反抗他的军队，把小马略围困在离罗马不远的城市——小马略努力寻求庇佑的地方，然后继续前进，占领了罗马。

在这所城池里，马略曾犯下的骇人血案和大屠杀再次重演，场面恐怖至极，简直史无前例。苏拉把想要消灭的人列出名单，派遣士兵四处围剿这些不幸的复仇对象，搜遍他们的住处和城里的公共场所，一经发现，就

小马略

地处决。在人口稠密的大城市如此行事，对从未目睹过内战屠城恐怖场景的人来说，这种场面简直难以想象。苏拉全程参与，极其冷淡，像是履行政府官员的普通职责。一天，他召集元老会，正在讲话之时，突然会场的注意力被打乱。原来是因为旁边街上正在军事行刑，各种惨叫、尖叫阵阵传来，惊扰了会场。元老们听到尖叫，都受到惊吓。苏拉却非常镇静，冷漠地提醒全体成员听他讲话，不要受到别处事情的干扰。他说，传来的声音只是依照他的命令，纠正乱党扰乱和平的行为引起的。

苏拉的处决令并不仅限于罗马城，邻近的城邑和远方的行省，到处都遍布着恐惧和痛苦。尽管这种行为看起来如此罪孽深重，但实际上可能并没有我们所想的那么血腥残暴。在阅读罗马共和国马略和苏拉的内战历史时，读者可能会想象这样的场景：全国人民被组织成两支相互斗争的军队，互相打斗、屠杀。实际上，事实可能并非如此。显然，只是一小部分人积极参与了这些暴力血腥行动。因为人的本性并非凶残如野兽，相反，人类通常热爱和平宁静的生活，耕种土地，饲养牲畜，享受上帝赐予的和平与安宁。世界上任何民族、任何时期，只有相当一小部分人的欲望和仇恨会如此强烈，如此喜欢杀戮和战争。这一小部分人一旦拿到武器，就会无所

CARBON
MARIUS
SIPION
NORBANUS
SERTORIUS
SORANUS
CECILIUS
ARELIUS
FAUSTUS
PERPERNA
DOMITIUS
STHENIUS

苏拉的处决令

顾忌，肆意残忍地践踏别人，像是披着人皮的凶残老虎，手举长矛或挥舞刺刀，肆意挥向安静的人群。而这些安静的人群手中只有牧羊的工具，生平最大的愿望也只是与妻儿过上安静祥和的生活。

如此一来，马略和苏拉的众多追随者，全副武装、胆大妄为， 所到之处让人心生恐惧、胆战心惊。罗马共和国数百万牧民和农夫，曾经生活安静祥和、怡然自得，谷物丰收、牧草肥美，在祥和中实现产业的逐步提升。而这些将军、士兵、执政官、裁判官、执政官代行官、裁判官代行官，依靠征税和掠夺这些土地的收获来补给库存、发放军饷、支付兵器制造者的薪水。凭着这些“收益”还建造了雄伟壮观的罗马城，装点奢华的宅邸。这些人手握武器、执政掌权，辛苦劳作的平民百姓别无选择，只能屈服。百姓们继续劳作，耐心承受各种煎熬。军队经过之后，他们继续耕种土地，平复军队暴行带来的伤痛，弥补掳掠带来的损失，从不做无用的斥责。他们认为武装政府是人类生命的必然，是不可避免的灾难，就像地震和瘟疫一样，只能屈服。如今，这些农户已经能较好的应对，他们拥有自己的权力，非常谨慎地防备这群武装亡命之徒，防止他们再次把欧洲百姓卷入恐怖的深渊。

苏拉返回罗马，执掌最高权力，查阅公众名册时，发现了一个不熟悉的名字，起初不知如何是好。这人就是这段历史的主人公，年轻的尤利乌斯·凯撒。尤利乌斯·凯撒是贵族血统，出身世袭贵族。在他之前，已有多位“凯撒”担任过政府高官，有些还是历史名人。因此，毫无悬念，尤利乌斯·凯撒属于苏拉派，因为苏拉是贵族利益的代表，但尤利乌斯·凯撒个人却倾向于支持马略。马略娶了尤利乌斯·凯撒的姑妈，尤利乌斯·凯撒娶了卢修斯·科尼利厄斯·秦纳的女儿科涅莉亚·秦纳。

尤利乌斯·凯撒的妻子科涅莉亚·秦纳

卢修斯·科尼利厄斯·秦纳是马略最能干的副手，也是马略最有影响力的朋友。当时尤利乌斯·凯撒还很年轻，性格狂热鲁莽，还未积极参与政事。苏拉一度忽视了尤利乌斯·凯撒，但最终还是想把他列入危险人物的名单。在贵族派里，苏拉和尤利乌斯·凯撒的共同朋友为他求情。苏拉听从了请求，或者更确切地说是暂缓了决定，命令尤利乌斯·凯撒与妻子离婚。尤利乌斯·凯撒断然拒绝与妻子离婚的要求。这一决定一方面是由于与科涅莉亚·秦纳感情深厚，另一方面是他的坚毅、不屈不饶、绝不顺从的性格使然。尤利乌斯·凯撒早年养成的这种显著的性格品质伴随了他一生，他敢于面对任何危险，不让自己困于险境。尤利乌斯·凯撒非常清楚，一旦苏拉得知要求被拒，马上会下令处死自己。于是，他选择了逃亡。苏拉剥夺了尤利乌斯·凯撒的头衔和官职，没收了他妻子的财产和他祖上的家业，并把他列入公敌名单。因此，尤利乌斯·凯撒成了流亡者，四处逃亡。流亡途中的冒险经历将在下章叙述。

苏拉现在拥有统治罗马的绝对权力，成为罗马的主人，也成了罗马辖下所有国家的主人。不过，名义上来说他并不是治安官，而是一位从亚洲战场凯旋的将军，按照军法处置扰乱和平的人，确实有些不合常理。有效

尤利乌斯·凯撒

处置敌人权力之后，表面看来，苏拉不再武力执政，而是依法行事。形式上，他按照政府决策行事。他被选为独裁官，拥有绝对的无上权力。在短暂地达到世俗的野心巅峰之后，苏拉就辞去权位，余生致力于文学的追求与乐趣当中。尽管他对政敌的打击残忍至极，但实际上却是一位有修养的文雅之人，对促进文学和艺术的发展有着浓厚的兴趣。

马略和苏拉之间的斗争是史载最激烈的个人斗争。源于两个野心勃勃之人的个人竞争，结果却牵连了全世界的和平与幸福。在他们不计后果的斗争中，他们剧烈践踏一切阻碍之物，轮番无情地摧毁反对之人。人们痛恨他们的罪行，却一直钦佩他们这种可怕、几乎超越人类的精神。

第二章

尤利乌斯·凯撒的早年时期

精彩看点

尤利乌斯·凯撒的决心——长相与性格——苏拉对尤利乌斯·凯撒的评价——尤利乌斯·凯撒的朋友为他求情——尤利乌斯·凯撒的学业——想成为演说家的抱负——罗马广场——柱廊和雕像——广场景点——阿波罗尼——尤利乌斯·凯撒师从阿波罗尼——尤利乌斯·凯撒流浪——百夫长抓获尤利乌斯·凯撒——尤利乌斯·凯撒在小亚细亚——加入尼科美德四世宫廷——西里西亚居民的特征——诗人和历史学家眼中的西里西亚人——劫匪和海盗——西里西亚人的抢掠——远征西里西亚——西里西亚人的勇气——尤利乌斯·凯撒被抓——霸气的尤利乌斯·凯撒——尤利乌斯·凯撒获得自由——抓获海盗——罗德岛上的尤利乌斯·凯撒——返回罗马——尤利乌斯·凯撒弹劾多拉贝拉——精彩结局——尤利乌斯·凯撒提升权力地位——马略妻子之死——尤利乌斯·凯撒为马略妻子致挽词——演说成功——尤利乌斯·凯撒为亡妻致挽词——贵族派的警惕——尤利乌斯·凯撒执政——表演和娱乐——尤利乌斯·凯撒的奢华——尤利乌斯·凯撒的窘境

面对不幸，尤利乌斯·凯撒从不灰心丧气。他早年的生活极其轻松愉快、无忧无虑。离开罗马之后，尤利乌斯·凯撒历经多年的流亡漂泊，却有着勇敢面对现实的决心，从不向周遭种种邪恶与重重危险屈服。

伟大的人物年轻时多半善于思考，对待事情严肃认真，性格沉着稳重。然而，尤利乌斯·凯撒并非如此，他的性格非常活泼开朗。尤利乌斯·凯撒身形高大，面貌英俊，举止迷人，还喜欢社交，亦如那些自信在社交场合能够光芒四射、备受青睐的人一样。总体而言，早年在罗马居住期间，尤利乌斯·凯撒似乎一心过着轻松愉快的生活，沉浸于个人的社会观察。正是他的地位、财富、讨人喜欢的举止和他的社会地位保障了这种生活。事实上，研究尤利乌斯·凯撒早期性格的学者认为，尽管当时的处境对他获得权力和名望非常有利，他却丝毫没有野心利用这些条件。研究者还认为，尤利乌斯·凯撒后来成为重要人物，军事指挥官也好，政治家也罢，都依然忠实于自己的个人乐趣。

然而，苏拉并不这样认为。苏拉明察秋毫，洞穿尤利乌斯·凯撒真实的内心，发现尤利乌斯·凯撒早期生活中表现出来的轻松愉悦，蕴含着更严肃、更有野心的追求。这是苏拉不愿看到的，因为这种力量将来可能会是自己的劲敌。尤利乌斯·凯撒拒绝服从苏拉的命令，实际上就已经完全与苏拉敌对，而且后来平民派的反应也佐证了这一点。苏拉现在把他视为明确的敌人。尤利乌斯·凯撒逃离罗马之后，他的贵族派朋友向苏拉求情，希望苏拉能原谅尤利乌斯·凯撒，认为尤利乌斯·凯撒只是个孩子，无伤大雅。苏拉摇头说道，尤利乌斯·凯撒虽然年轻，但身上蕴含着一股力量，这种力量更加可怕，几个马略加起来都不能与之相提并论。

苏拉的这种观点并不是空穴来风。因为虽然这个年轻贵族无比热爱轻松愉悦的生活，却从未忽略自己的学业，而是刻苦努力地完善自己，不断追求知识，正如当时那些野心勃勃的人一样，追求政治影响力和话语优先权。尤利乌斯·凯撒学习希腊语， 阅读希腊历史学家的书籍，参加哲学和雄辩术相关讲座。显然，他对成为公众演说人物从而获取权力有着浓厚的兴趣。当时，能写会说让公众人物具有非凡的影响力。政府的政令大多都由公民大会来决定，实际上由那些能高谈阔论的演说家控制。他们演说能力超群，思想深邃，从而获得关注，进而影响舆论获得支持。

然而，并不是所有城市居民都享有这种权力。这座城市曾经约有三百万人，只有三十万是自由公民，享有话语权。其余的为工人、工匠和奴隶，他们并没有公共事务话语权。自由公民频繁公开集会，城里的各个广场、各种开阔地都会成为集会和司法审判的地点。罗马人把这样的地方叫做广场，其中一个分外突出的称为罗马广场。罗马广场非常宏伟，周围有宏伟的建筑和不胜枚举的雕刻和石像，周边环绕的长廊可用于躲避恶劣天气。虽然意大利通常风调雨顺，恶劣天气并不常见。集会通常在长廊下面举行，法律审判也习惯在这里进行。罗马广场不断出现新的纪念碑、新的神殿、雕像和将军凯旋或执政官、代行官和裁判官行政期满而建的纪念柱。等到广场拥挤不堪，就会清理一部分，就像剔除浓密森林的树木，为集会提供空间。毕竟集会才是广场的主要功能。

当然，罗马当时没有印制的书籍，但罗马人教养良好，修养颇高，有能力进行高品位的智力和乐趣追求。

罗马广场遗址

复原后的罗马广场

因为缺乏所有个人阅读的条件，罗马广场就成了人们聚集的中心。现在，如果有同样的兴趣，我们可以在家里安静地阅读历史书籍，或在图书馆和阅览室默默读报纸和杂志，几乎没有交头接耳、小声说话的现象。而在凯撒时代，人们聚集广场，熙熙攘攘，聆听历史，参观政治辩论，观看法庭争辩。这里汇集各路消息，讨论各种问题，每一次大选也都在这里举行。这里还见证了无休无止的欲望冲突和权力斗争，关乎国家命运，甚至影响几乎一半人类的福祉和安宁。当然，想出人头地的雄才伟略之人也希望在此发声，让别人了解自己，平息那里喧嚣的骚动，或者举行盛大集会，让人刮目相看。像一些罗马的雄辩大家一样，吸引人们屏气凝神，全神贯注地聆听，是一种权力，令人愉悦、让人名声鹊起。尤利乌斯·凯撒也有这种野心，并且付诸实践，全力以赴研究雄辩术。

尤利乌斯·凯撒的老师是阿波罗尼，一位来自罗德岛的哲学家和辩论大师。罗德岛属于希腊，与小亚细亚西南海岸相邻。阿波罗尼是一位著名的老师，在他的指导下，尤利乌斯·凯撒成长为一位非常有才华的作家和演说家。事实上，尤利乌斯·凯撒的时间和注意力的分配方式非常奇怪，既有最高贵的知识分子的爱好，也享受极其世俗的乐趣，放荡不羁、沉迷酒色。然而，苏拉的到来打断了这一切，独裁官苏拉命尤利乌斯·凯撒与妻子离婚，并退出马略派。尤利乌斯·凯撒并不从命，而是如上一章结尾所述，乔装打扮，在午夜时分突然逃离罗马。

当时尤利乌斯·凯撒生病了，断断续续地发烧，每隔三四天就发作一次，间歇期间身体状况尚可。尤利乌斯·凯撒先到了处于罗马东北的萨宾人的国度，在那里到处流浪，险境重重，不断暴露。很多人知道他是独裁官缉拿的对象，想取了他的人头交给苏拉领赏。于是，他不得不每天更换住处，到处躲藏，但最后还是被一名百夫长发现并抓获了。百夫长领导一百个士兵，军衔和职级相当于现代军队的上尉。虽然被抓，但尤利乌斯·凯撒并不担心。他向百夫长行贿，贿金丰厚，百夫长抵制不住诱惑就放了他。然后，他就逃走了。

两位古代历史学家几乎记录了所有尤利乌斯·凯撒早年的生活细节，当然现在他的生活已广为人知。尤利乌斯·凯撒后期流浪的历险描述在两位历史学家的记录中有所不同，通常同一件事，却有着不同的联系，具体事件的时间顺序现在已经无法确定。无论怎样，尤利乌斯·凯撒发现自己在罗马附近已经不再安全，就逐步向

古罗马时期百夫长雕像

东走，带着几个随从一直走到海边，登上一艘船，彻底离开家乡。历经多次冒险、长期漂泊，终于到达小亚细亚，最后到达北岸的比提尼亚王国。比提尼亚国王是尼科美德四世，于是尤利乌斯·凯撒加入尼科美德四世的宫廷，开始为国王效力。同时，苏拉已经停止追捕尤利乌斯·凯撒，并赦免了他的罪行，但赦免发生在这之前还是之后，如今也无法确定。无论如何，尤利乌斯·凯撒对尼科美德四世宫廷的美景和愉悦产生了兴趣，任凭时光流逝，毫无返回罗马的打算。

小亚细亚对面是南部海岸，这一片荒凉多山的地区叫西里西亚。托鲁斯山系延伸至此，靠近大海，地势陡峭，时而崇山峻岭，时而峡谷深渊。海岸之滨，海岬隆起，四周险峻，其间遍布深水港湾。因此，西里西亚一半人口是水手，一半是登山好手。他们建造轻快的划桨帆船，在地中海上进行大规模的强征、抢掠。他们抢劫只身航行的船只，有时也抢劫商船队。他们非常强大，甚至多次登陆占领港口和城镇，经常在相当长一段时间内，控制城镇，对抗周边各种驱逐力量。不过，为了防止对手随时变得强大，他们有时也会退回到自己的港口，那里满是堡垒守卫，驻守森严，一般追击者不敢冒险深入。而且，即使占领海港或城镇，这些永不服输的野蛮人也能快速撤退到深山要塞，想要跟上他们，简直是难上加难。

西里西亚人既有着海上斗士的勇猛和能力，又有着登山运动员的英勇和无畏。但他们也有所匮乏，缺失对于缔造国家光荣的军事声誉至关重要的内容：没有自己的诗人和历史学家，所有事迹只能靠敌人传诵给后人。如果能讲述自己的功绩，西里西亚人也许会这样描绘自

划桨帆船，出自彩陶上的图案

托鲁斯山下西里西亚人生产生活的场景

己的历史：西里西亚是一个弱小却英勇的海洋国家，多年以来一直追求光荣的征服事业，通过实业和成功获得了不朽的声誉。作为他们的敌人，罗马人对这个国家进行了描述，并给他们定义了一个称号。他们称西里西亚人为劫匪与海盗，而且是永远的劫匪与海盗。

实际上，西里西亚的指挥官们很可能没有进行系统、策略化的征讨，进行权力和财富掠夺，而这有别于其他征服国家。西里西亚人可能只是肆无忌惮地攫取私有财产。尽管所有好战国家，即使在号称仁慈的基督时代，在海上发现私有财产时，也都可以据为己有。然而截然不同的是，这些国家尊重陆上的私有财产。西里西亚海盗觉得自己处于与全人类的战斗之中，地中海沿岸，经过各个港口的所有货品，都可以合法掠夺。截获西西里岛到罗马的粮食，填满自己的粮仓。截获亚历山大大帝船上的丰富商品，有时船上是来自东方的黄金、宝石和昂贵的纺织品。他们常常绑架频繁往返于意大利和希腊的富人，扣留人质索要赎金，从而获得大笔金钱。他们特别自豪能以这种方式抓到罗马的将领和政府官员。这些人要么是带兵出海征战，要么是带着积累的财富从行省返回。

罗马多次派出远征军，任命许多海军指挥官去镇压、征服这群人类的公敌[①]。有一次，一位名叫安东尼乌斯的杰出将军，带领船队追击一群海盗。这群海盗袭击了意大利沿海地带——罗马南部的尼西亚——安东尼乌斯的古老世袭庄园所在地。海盗还掳走了他的家族成员，让他支付大笔赎金。海盗屡屡得逞，胆子越来越大。最终，他们几乎中断了意大利和希腊之间的往来。这里危险重重，商人不敢露出货品，旅人不敢冒险经过。海盗越来越靠近罗马，最后竟然进入了台伯河，出人意料地夺走了一艘停靠的罗马舰船。尤利乌斯·凯撒四处漂泊期间，就曾一度落入这群海盗之手。

海盗们截获了尤利乌斯·凯撒的船只，当时这艘船正在爱琴海东北部的一座小岛法玛库萨附近航行。这次，尤利乌斯·凯撒不再像当年出逃罗马那般穷困潦倒，而是按照他的级别配有随行人员。海盗见此，立即把他当作重要人物。他们抓住尤利乌斯·凯撒，把他关在船上，索要赎金，筹够赎金才会放人。

在这种情况下，尽管尤利乌斯·凯撒拥有权力，却不得不听任无法无天的海盗摆布。但在与海盗的交往中，尤利乌斯·凯撒始终表现出自己的优越感和指挥官的霸气。这使海盗们非常震惊，继而得到了他们的赞赏，最

① 罗马人曾这样称呼他们。——原注

早期的爱琴海地图及散布在爱情海上的岛屿

后他们几乎是听从尤利乌斯·凯撒的意愿。尤利乌斯·凯撒问赎金的金额，他们说要二十塔兰特。这是一个不小的数目，一个塔兰特就是一大笔钱。尤利乌斯·凯撒听到这个要求，嘲笑了一番，对他们说，显然他们不知道抓住的是谁，他将会给他们五十塔兰特，而不是要求的二十。于是，尤利乌斯·凯撒让随从上岸，到熟悉的城市去筹钱，只留下一名医生和两名仆人。随从走后，尤利乌斯·凯撒仍被扣留在船上，但他假装主人的风范，想睡觉时，如果有吵闹声干扰，就命令他们安静。他与海盗们一起在甲板上进行体育活动，开展娱乐，在比赛中超过他们，时时刻刻把自己当作领袖，读自己写的演说词和诗给他们听。如果这群野蛮听众欣赏不了，尤利乌斯·凯撒就训斥他们，说他们是没有任何品味的蠢蛋，同时以道歉的口吻告诉他们，如此不开化没有任何前途可言。

一天，海盗们问尤利乌斯·凯撒，如果他将来抓住他们，将如何处置。尤利乌斯·凯撒说会把他们每个人都钉死在十字架上。

赎金终于送来，尤利乌斯·凯撒交给海盗。按照先前约定，海盗用一艘小船将他送到岸上。到了小亚细亚海岸，尤利乌斯·凯撒立刻抵达最近的港口——米利都。在那里装备了一支小舰队，离港出海，驶向海盗一直停靠的水域。发现他们仍然在那儿停靠，完好无损。尤利乌斯·凯撒攻击他们，夺得船只，取回赎金，把他们都囚禁起来。送俘虏上岸之后，他兑现曾经说过把他们钉死在十字架上的誓言，割断他们的喉咙，把尸体钉在岸边早已准备好的十字架上。

逃离罗马期间，尤利乌斯·凯撒去过罗德岛——他以前的老师居住之地，在那里继续学习。他仍然期待有

米利都遗址

朝一日能出现在罗马广场。其实，他也收到来自罗马朋友的消息：罗马已经安全，他可以回归罗马。苏拉逐渐隐退，最后死亡。当时贵族派确实还处于权力中心地位，马略平民派也开始从全面崩溃中逐渐复苏——曾经苏拉夺权，进行疯狂的军事报复，马略派完全被压制。因此，家里的朋友们认为，尤利乌斯·凯撒可以妥善安排，安全返回罗马。

尤利乌斯·凯撒回来了，但不是谨小慎微地回归，他性格中根本没有小心和谨慎的成分。一回到罗马，他就公开支持平民派。尤利乌斯·凯撒曾取道马其顿去比提尼亚，他的第一个公开行动就是指责马其顿的总督，弹劾这个叫多拉贝拉的强势的苏拉派执政官。人们惊诧的是他竟敢如此大胆地抵抗苏拉势力，虽然只是间接地抵抗，也依然是大胆之举。审判开始，尤利乌斯·凯撒出现在广场，他的演讲充满了朝气和力量，赢得了阵阵热烈的掌声。当然，人们普遍对这个案件具有强烈的兴趣，似乎大家都明白，在对多拉贝拉的攻击中，尤利乌斯·凯撒是平民的英雄。大家重新燃起希望，因为终于找到能够接替马略的领袖，重建事业。多拉贝拉得到苏拉派演说家的有力辩护，无罪释放，因为当时苏拉派仍然掌权。然而，尤利乌斯·凯撒的大胆出击以及在此过程中表现出来的非凡能力，唤醒、激励了罗马民众。这次行动也使他成为罗马城里最引人注目、最杰出的人物之一。

在成功和掌声的鼓舞下，尤利乌斯·凯撒的权力意识越来越强，逐步开始公开担任平民派领袖的角色。在罗马广场，无论民众大会还是法庭，都发表公开演讲。尤利乌斯·凯撒经常被聘为辩护人，为被控政治罪行的人辩护。人们觉得尤利乌斯·凯撒是他们的领袖，对他的所作所为非常有好感，而他的演讲和训诫也确实表现出了他高超的智慧。总之，他的胆量和能力使他获得了极高的威望，勇气和能力也随之增强，地位也随着名望的提升越来越高。

最后，马略的妻子，尤利乌斯·凯撒的姑姑亡故。自丈夫被剥夺公民权处死之后，她就一直悄无声息地生活着。马略派被彻底镇压，没人敢冒险把她当朋友。然而，尤利乌斯·凯撒却为她准备了一场隆重的葬礼。广场上有个类似于教堂中的讲坛的地方，在重大场合，演说家经常站在那里发表演说。讲坛上装饰着战舰上的铜喙，这是罗马人在之前的战争中夺来的。鸟喙的名字叫rostrum，复数形式为rostra。因此，讲坛就叫Rostra，鸟喙的意思。重大公共场合，人们都会聚集到这里聆听讲话。[①] 在葬礼上，尤利乌斯·凯撒颂扬马略的妻子。他站在讲坛上，面对广场众多观众，大胆演说，向人们讲述马略死后一直被隐瞒的事迹。旧事重提，像公众演说家所能做到的一样，取消了苏拉及贵族派对马略的谴责和判决。这次演讲使他赢得了更多的崇拜和掌声。在场的贵族试图派代表们驳斥尤利乌斯·凯撒的这一大胆行为，但持续不断、响如雷鸣的掌声淹没了这些言辞。人们用掌声来欢呼、认可尤利乌斯·凯撒的言论。尤利乌斯·凯撒的尝试很大胆，也很危险，但很成功。

之后不久，尤利乌斯·凯撒又有一次葬礼演说的机会。这次是自己的妻子，卢修斯·科尼利厄斯·秦纳之女。在马略执政掌权期间，卢修斯·科尼利厄斯·秦纳一直是他的同僚和副官。在罗马，对女性致以这样的颂词很不寻常，除非高龄而逝，寿终正寝。然而，尤利乌斯·凯撒故意将妻子特殊对待，同时，把这个场合视为良机，在争取更多民众支持方面取得更大进展。这次尝试也很成功。尤利乌斯·凯撒致辞时真情流露，人们非常满意。由于科涅莉亚·秦纳是卢修斯·科尼利厄斯·秦纳的女儿，尤利乌斯·凯撒赞美逝者的出身和父母，就有机会称颂那些被苏拉剥夺公民权而被杀害的人。总而言之，贵族

① 在现代书籍中，有时称这个讲坛为 Rostrum，用单数形式表示。——原注

派忧心忡忡，因为看到尤利乌斯·凯撒正在迅速巩固地位、获取民心，恢复先前的力量和活力。平民派权力的恢复肯定会冲击贵族派的政治生涯，甚至会是他们个人政治生涯的毁灭。

不久，尤利乌斯·凯撒接受公职任命，从而影响力和权力迅速激增。当时，公职人员和候选人都习惯花费大量金钱，举办表演和赛会，取悦民众。尤利乌斯·凯撒在这方面的开销毫无节制。大型民众集会期间，他带着角斗士到罗马大型竞技场中打斗。这些角斗士来自遥远的行省，花费大量金钱训练。按他指令，还大量购买了非洲的森林野兽，让野兽与战俘打斗来取悦民众，俘虏被俘之后就会面临这种可怕的命运。尤利乌斯·凯撒还举办了极其豪华的娱乐活动，穷尽奢华、代价高昂。他自己也参与其中，混入客人中间，混入大众之间，融入人群，每次都彬彬有礼，犹如谦谦君子，获得了大众的喜爱。

很快，尤利乌斯·凯撒不仅挥霍掉了自己所有钱财，还债台高筑。不过，这样的人反而会获得无限的信用，因为大家都知道，一旦最后他成功掌权，很快就会回馈帮助过他的人。平和的商人、工匠和遥远行省的农民，都会给予他必要的钱财，填补亏空。然而，尤利乌斯·凯

担任公职的凯撒（右）

撒开销如此之大，又负债累累。有些人对尤利乌斯·凯撒的能力和权力信心不足，认为他彻底垮掉了。

这些困难的细节，以及尤利乌斯·凯撒如何设法摆脱困境，将在下章详细叙述。

第三章

凯撒逐步掌权

精彩看点

尤利乌斯·凯撒掌权——罗马政府——贿赂与腐败——公共娱乐——民众娱乐活动——政府供给——如何支持人民——土地法——罗马政府——罗马的外交政策——尤利乌斯·凯撒的策略——尤利乌斯·凯撒的成功——升任财务官——尤利乌斯·凯撒离开西班牙——尤利乌斯·凯撒的计划——被控叛国罪——担任营造官——角斗士表演——尤利乌斯·凯撒威望日益提高——尤利乌斯·凯撒受到阻挠——尤利乌斯·凯撒的愤恨——恢复马略地位——贵族的愤怒——善良女神——克劳狄乌斯——尤利乌斯·凯撒与妻子离婚——克劳狄乌斯与米洛的斗争——当时的暴力——喀提林阴谋——元老院的激烈辩论——尤利乌斯·凯撒身处险境——角逐大祭司长——罢免尤利乌斯·凯撒——尤利乌斯·凯撒的隐忍——恢复职位——牵连喀提林的阴谋——逮捕维提乌斯——尤利乌斯·凯撒的窘境——掌管西班牙——瑞士小村庄——尤利乌斯·凯撒的野心——选择执政官的方式——庞培与喀拉苏——前三巨头——执政官候选人：尤利乌斯·凯撒——尤利乌斯·凯撒全面掌权——囚禁加图——毕布路斯辞职回家——尤里乌斯－凯撒之年

公元前 67 年，尤利乌斯·凯撒已在罗马九年，一直在为权力奋斗。每次付出努力，他总能收获成功，屡屡升官加爵，职位越来越高，影响力越来越强，威望也越来越高，直至成为罗马城威望最高、权力最大的人物。当时的相关事件被记录下来，以令人印象深刻的方式，呈现了当时罗马统治的粗鲁暴力与律法形式的融合。

罗马很多重要部门的职位都由民众投票决定。由于民众没有多少机会了解政府议题的优劣，因此多是依据候选人的受欢迎程度投票。当时公众人物几乎没有什么道德原则，他们不惜一切手段获取个人知名度，如果想成功任职，通常会贿赂有影响力的人来支持自己，有时会许诺官职，有时直接捐钱。候选人竭尽所能取悦民众，由于民众人数太多无法全部给予职位或金币，就通过表演、赛会及各种娱乐活动来取悦他们。

现在看来非常荒唐，不过奇怪的是，当时罗马人竟然能忍受。因为，显然羊毛出在羊身上，费用最终还是要源于民众。然而，时至如今，这种看似荒谬的策略也没有完全废弃。在法国，歌剧院、戏剧院等类似的机构，都由政府部分出资维护。政府的这种慷慨和效率，某种程度上奠定了政府的受欢迎程度。只是现在，这种做法更加系统化，也更加规范化，不过本质上还是大同小异。

实际上，为民众提供娱乐，满足民众需求，保护民众，是当时政府的责任和目标。现在却完全不同，尤其是这个国家。整个社会团结一致，希望尽量限制政府的职责和功能，比如只让政府维持公共秩序和公共安全。人民宁愿自己满足需求，自己提供娱乐享受，也不愿投资政府权力，让政府满足自己的需求。因为他们非常清楚，后一种情况必须自己负担费用，虽然可能暂时没有费用，但最终可能会是双倍的负担。

我们必须牢记，罗马当年提供的公共娱乐规模前无古人，后无来者。不过，事出有因，因为当时几乎没有私人、单独的家庭娱乐设施。今昔相比，当时的人们更愿意到国外和公共场所娱乐。罗马全年气候温和宜人，为户外娱乐提供了天气保障。与现代相比，那时他们对个人实业的追求和爱好不感兴趣。商人、制造商和市民这类群体，自己致富，同时又提供产品和劳动让别人享受和愉悦。当时罗马人不属于这样的群体。罗马人主要靠外省的进贡和将军们以国家名义在战争中掠夺的财富生活。他们的娱乐也是这样，通过征服，带回俘虏，训练成角斗士，角斗士对决，娱悦大众。他们带回雕像和画作，装饰城市公共建筑，还从各省搜刮谷物，发往罗马，有时甚至连土地也是掠夺而来。他们将国家掠夺的土地，或者没收的土地，分割划片，分给民众，还不时制定一些法律条文，称为《土地法》。后来还演变成了固定说法，就像现在分发国家或富人的财产来安抚民众一样，名为“平均地权”。

因此，罗马很大程度上是靠征服成果维持的。也就是说，某种意义上，罗马依靠掠夺生存。罗马共和国就像一个大型集团，一个为掠夺而组建的有效而又强大的机构。然而，将罗马人称为一群强盗并不能完全解释罗马共和国的功能，因为他们对掠夺进行了某种意义的解释：类似于在全世界建立、推行一个社会组织，以维持公共秩序，维护世界和平。他们建设城市，修建水路、陆路，建造港口，建筑城堡和码头保护自己。他们保护商业，发展艺术，鼓励文学，推行全人类的安宁与和平。他们反对暴力和战争，但自己挑起的战争除外。他们如

罗马著名的公共娱乐建筑——斗兽场

角斗士之间的战斗

此“统治”世界，就如许多统治者一样，认为自己提供了服务，就有权为自己提供舒适、便利的生活。

当然，可以预料，他们之间会为战利品内斗。因为总是涌现野心勃勃的人，渴望赢得新的征服机会，带回新的物资。而赢得胜利的人利用征服得来的战利品积累财富，为市民提供更多的公共娱乐，当然会更受选民欢迎。因此，行省强取豪夺，城中奢侈挥霍，成为升迁掌权者必须采取的策略手段。

尤利乌斯·凯撒心无旁骛、专心研究这一策略，把成功的希望全部寄托在平民身上。当然，元老院也有许多竞争对手和政敌，他们一度阻挠尤利乌斯·凯撒的计划和行动，不过最后总是尤利乌斯·凯撒取胜。

尤利乌斯·凯撒最早的重要职位之一是二把手财务官，一把手叫裁判官。他从罗马到西班牙赴任。西班牙任职期间，尤利乌斯·凯撒财务匮乏的情况得到了改善，但很快他就对这个从属地位的官职不满。有一天，在哈迪斯——如今的加的斯，他意外看到了亚历山大大帝的雕像装饰在一座公共建筑上，更加深了他的不满。亚历山大大帝三十岁英年早逝，死前已经称霸世界。尤利乌斯·凯撒当时大约三十五岁，想到自己虽然比亚历山大大帝多活了五年，成就却少得可怜。思虑及此，他非常难过。目前为止，他只是一个行省的第二号领导人物，但却有着无法满足的野心，想成为罗马的最高执政者。这个想法使他寝食难安。任期未满，就离职回归罗马，归途中做出了取得权位的终极计划。

尤利乌斯·凯撒的对手和政敌指控他涉及多个阴谋，这些阴谋多少有些暴力和叛国罪的性质，但指控是否公正，如今不得而知。他们声称，尤利乌斯·凯撒的计划之一是加入相邻殖民地。殖民地民众希望获得自由，尤利乌斯·凯撒与当地民众一起建立了武装部队，企图占领罗马。据说，为了阻止尤利乌斯·凯撒，罗马延迟了远征军剿灭海盗的行程，这支军队原本是为剿灭西里西亚海盗而组建的。尤利乌斯·凯撒意识到当局的防备，放弃了自己的计划。

之后，尤利乌斯·凯撒又被指控打算在元老院谋杀元老，然后再伙同同谋篡夺最高权位。尤利乌斯·凯撒的重要朋友马库斯·李锡尼·克拉苏拥有巨额财富，这个阴谋就与他有关。如果计划成功，尤利乌斯·凯撒就会成为独裁官。然而，尽管尤利乌斯·凯撒曾试图用丰厚的奖励引诱马库斯·李锡尼·克拉苏，但行动之前，马库斯·李锡尼·克拉苏因为胆怯放弃了。其实，勇气是穷人才具备的美德。

马库斯·李锡尼·克拉苏

虽然元老院嫉妒、怀疑尤利乌斯·凯撒，不断指控他的罪行，但民众却支持他。尤利乌斯·凯撒越是被当权派憎恨，反倒越受大众喜欢，他们选举他担任营造官。营造官主要负责管理城市公共建筑、负责庆典赛会以及庆典赛会上的表演。尤利乌斯·凯撒积极履行职责，安排盛大的娱乐活动，大量扩建、修缮建筑物，在角斗场和搏斗场周围修建门廊和广场，豢养大批角斗士，规模、组织形式庞大。贵族派政敌认为尤利乌斯·凯撒表面是在训练角斗士，实际上打算把他们作为武装力量对付政府。因此，他们制定律法限制雇佣角斗士的数量。尤利乌斯·凯撒按照新的律法规定缩减规模进行表演，并让民众明白，娱乐规模的缩减应该归咎于谁。人们窃窃私语反对元老院，尤利乌斯·凯撒则比以前更受民众喜爱。

然而，这样一来，尤利乌斯·凯撒又债台高筑。为了挽回负债累累的局面，尤利乌斯·凯撒希望管理埃及。当时的埃及富甲一方，但并不是罗马共和国的行省，而是一个与罗马结盟的独立王国。尤利乌斯·凯撒建议将埃及作为一个省归他管理，这一提议非常突兀。尤利乌斯·凯撒的借口是埃及人民最近废黜并驱逐了国王，因此，罗马人可以以此为契机占有埃及。但元老院并不同意，可能是嫉妒尤利乌斯·凯撒，也可能是怀着些许的正义感。激烈争斗之后，尤利乌斯·凯撒不得不放弃计划。他对贵族派深感憎恶，因为他们阻碍了他的计划。为了报复，一天夜里，尤利乌斯·凯撒把马略的一些雕像和纪念柱安放在了朱庇特神殿。苏拉掌权时命令撤除的东西又回归原位了。马略——平民派的伟大领袖，贵族派的敌人，倒台之后，所有用以纪念他的东西全被拆除，其中就有这些雕像和纪念柱。这些雕像和纪念柱曾经矗立在朱庇特神殿，纪念他取得的胜利。然而苏拉上台之后，它们全被拆除摧毁。现在尤利乌斯·凯撒制造了新的，比之前的更加宏伟壮观。不过是秘密制造，夜晚矗立起来的。尤利乌斯·凯撒营造官的权力为这个计划的实施提供了便利条件。第二天早上，当人们看到这些壮观的纪念柱重新矗立起来时，整个城市都兴奋地沸腾起来，欢呼之声不绝于耳。贵族派愤恨交加，恼羞成怒，说“他只是一个营造官，却用一己之力恢复整个元老院正式下令废除的东西，他在挑战我们的耐心。如果我们屈服，他就会采取更大胆的行动。”贵族派发起一场拆除雕塑和纪念碑的行动，但民众聚集在一起，保护这些雕像和

元老院复原图

纪念碑，民众的掌声响彻朱庇特神殿。元老院发现无法抗衡，最终放弃了。尤利乌斯·凯撒赢得了胜利。

科涅莉亚·秦纳死后，尤利乌斯·凯撒娶了庞培亚·苏拉。不过，这时，尤利乌斯·凯撒和庞培亚·苏拉离婚

罗马朱庇特神殿里的浮雕

了，情况非常特殊。当时有很多奇怪的宗教仪式、宗教节庆等，其中就有“善良女神”的宗教庆祝活动。这个活动只能女性参加，所有男性元素一概排除在外。如果举办庆祝的地方，墙上有男性的画像，要蒙上东西遮盖。大家在音乐的节拍中一起跳舞，参与各种神秘仪式，度过整个夜晚。根据当时的风俗理念，这种庆祝形式半是娱乐性质，半是宗教性质。

一次，善良女神的庆祝活动要在尤利乌斯·凯撒家里举办。作为男性，尤利乌斯·凯撒回避了。夜半时分，人们在其中一个房间里发现了一名男子。这名男子皮肤光滑，面貌年轻，穿着一件女装，简直跟女人一模一样。然而事实证明，他是一名男子，叫克劳狄乌斯。尽管他家财万贯，家庭显赫，却卑鄙放荡，贿赂了庞培亚·苏拉的女仆，由她带进尤利乌斯·凯撒家里。不过，大家都怀疑是得到了庞培亚·苏拉的允许。事实到底如何不得而知，但尤利乌斯·凯撒还是立即与妻子离婚。元老院下令调查，家里有人作证，也传唤了尤利乌斯·凯撒，但他无话可说，因为他一无所知。于是，元老院问尤利乌斯·凯撒，“既然没有证据证明庞培亚·苏拉有罪，为什么离婚？”尤利乌斯·凯撒回答说，“尤利乌斯·凯撒的妻子不能有任何罪过，哪怕是嫌疑也不能有。”

凯撒的第二任妻子庞培亚·苏拉

克劳狄乌斯无法无天，又喜欢铤而走险。那个时代暴力而又混乱，克劳狄乌斯后来的故事也充分佐证了这一点。他与米洛卷入了激烈的斗争，双方都想拥有更多的追随者，最终几乎整个城市都陷入了他们的争斗。只要出门，双方都会带上武装队伍，冲突随时可能发生。最后冲突爆发，打了一场大战。克劳狄乌斯被杀，局势却比之前更加混乱，形成了派别，开启了暴力争端，就是否应该审判涉嫌谋杀的米洛争斗不休。最后，米洛被送上法庭，但群情激愤，审判的时候，为确保法庭安全，执政官调兵把整个罗马广场围了起来。

事实上，那个年代，暴力事件经常与公众事件搅在一起，只要出现特殊事件总能唤起民众的激情。一次，尤利乌斯·凯撒在任期间，曝光了一起恶劣的阴谋事件。这起阴谋由臭名昭著的喀提林领导，针对元老院和政府高层部门。其实，喀提林阴谋打算摧毁现任政府，在此基础上建立新政府。尤利乌斯·凯撒也被指控参与阴谋。阴谋被发现后，喀提林逃走，其他一些阴谋分子被逮捕。就怎么处置这些阴谋分子的问题，元老院爆发了一场长期而又激烈的辩论。有人认为应该处死，但尤利乌斯·凯撒激烈反对，认为应该剥夺财产，把他们囚禁到意大利的边远城市。辩论异常激烈，尤利乌斯·凯撒极力坚持

喀提林与罗马军官盟誓，共同对付元老院

喀提林逃走，追捕人员发现喀提林的尸体

自己的观点，甚至坚持到了动用暴力的程度，阻碍了辩论进程。这时，突然闯进一队武装人员，类似于驻守的仪仗队，剑指尤利乌斯·凯撒进行威胁，引起了现场的混乱和恐慌。尤利乌斯·凯撒身旁的一些元老慌忙起身躲避危险。有些胆大的元老，或者说忠实于尤利乌斯·凯撒的元老，则聚在他身边，用身体隔开武器和尤利乌斯·凯撒，保护他的安全。尤利乌斯·凯撒很快就离开了元老院，很长一段时间都没有回去。

尽管尤利乌斯·凯撒的影响力和权力不断提升，但运气还是起起伏伏，一度非常不佳。他曾经债台高筑，在角逐罗马一个很高的职位时窘况百出。尤利乌斯·凯撒角逐的这个职位叫大祭司长，也可以叫教皇。大祭司的名字源于拉丁语 pons，桥梁的意思，最初的职责是主管城市桥梁的建造和监管，后来职责增加了寺庙管理、宗教仪式的管理和控制等，直到最后成了具有最高尊崇地位和荣誉的教皇。尤利乌斯·凯撒全力以赴竞选这一职位，利用一切手段，花费大量钱财，债台高筑，债务缠身。一旦竞选失败，尤利乌斯·凯撒将彻底万劫不复。母亲同情尤利乌斯·凯撒，在他早上出门参加竞选时，母亲亲吻了他，泪眼婆娑。尤利乌斯·凯撒告诉母亲，夜晚将会是大祭司走进家门，否则将永不踏入家门。尤利乌斯·凯撒成功了。

曾经，元老院的一条法令罢免了尤利乌斯·凯撒的高位职务，但他决定置之不理，继续在位掌管事务。然而，元老院利用自身优势，试图用军事力量阻止尤利乌斯·凯撒。他发现不能继续，就放弃坚持，脱下袍子，直接回家了。两天之后，情势翻转。大批百姓涌到尤利乌斯·凯撒家门，支持他恢复职位，维护名誉。但出乎意料，尤利乌斯·凯撒并没有那么做，而是利用自己的影响力安抚了这群愤怒的百姓，然后遣散了他们。暴乱一开始，元老院就警惕了，突然召开紧急会议，研究对策应对危机。他们发现尤利乌斯·凯撒自己出面，用个人威望挽救了整座城市，深感尤利乌斯·凯撒的隐忍和大度，就宣尤利乌斯·凯撒入元老院，正式向他表示感谢，并取消之前的决定，恢复他的职务。然而，元老院决议的变化并不代表个人情绪的彻底改变。毫无疑问，在之前的罢免投票中，有一群人并不同意，但由于票数不够，决议还是通过了。或许其他人还是有些疑惑。尤利乌斯·凯撒拒绝民众提供的帮助，而这些帮助足以改变元老院多数人的意见，这样一来，就能使决议本身翻转。正因如此，突然而又明显的完全翻转，在公民集会中经常发生，有时甚至让人难以置信，具体情况还有待解释。

此事之后，尤利乌斯·凯撒又陷入了另一场困境，有确凿的证据证明他和著名的喀提林阴谋有关。一名元老说，喀提林亲自告诉他尤利乌斯·凯撒是同谋。另一个证人维提乌斯也向罗马治安官告发尤利乌斯·凯撒，提供了他的手书，力证他参与设计了阴谋。尤利乌斯·凯撒非常愤怒，他澄清自己的方式与往日如出一辙，逮捕了维提乌斯，重金惩罚并投入监狱。他还设法在审判过程中，向中心广场的暴民揭发维提乌斯。这群暴民一直

维提乌斯

维护、支持尤利乌斯•凯撒的事业，对维提乌斯毫不手软、施以重拳，维提乌斯几乎是死里逃生。治安官也被扔进监狱，因为他反对上级。

最终，由于挥霍无度，尤利乌斯·凯撒负债累累，必须做出改变填补亏空。这时他已位高权重，成功将西班牙纳入自己管理的行省，然后开始准备履职。但他的债权人反对，要得到保证才能离开。进退维谷中，尤利乌斯·凯撒成功与马库斯·李锡尼·克拉苏协调。上文提到马库斯·李锡尼·克拉苏富可敌国，且野心巨大，但智力不足。马库斯•李锡尼•克拉苏同意给尤利乌斯•凯撒担保，让债权人安心，但将来尤利乌斯·凯撒要在政治上帮助马库斯·李锡尼·克拉苏。安排好之后，尤利乌斯·凯撒就立即悄悄地离开，就像料定会有新的困境阻碍一样。

尤利乌斯·凯撒经陆路去西班牙，途经瑞士。有一天晚上，他和侍从来到了群山环绕的小村庄。小村庄很不起眼，他们在村里的牧羊人小屋停了下来。惊诧于满眼的贫穷和匮乏，尤利乌斯·凯撒的朋友觉得世界上那些充满嫉妒、相互竞争、野心勃勃的人，压根不会在这里驻足。而尤利乌斯·凯撒却说，他宁愿在这个村子当权位最高之人，也不愿意在罗马城屈居第二。这个故事重复了上千次，一代一代流传了差不多两千年。这就是尤利乌斯·凯撒这类野心勃勃之人的真实写照。

尤利乌斯·凯撒管理行省非常成功。短期之内，他就又回到了罗马，取得了较大的军事荣耀，收敛的财富足以结算所有债务，支付竞选的开支。

如今尤利乌斯·凯撒觉得自己足够强大，非常渴望担任执政官——罗马最高权力职位。废黜国王之后，罗马最高行政权力落在两名执政官之手。执政官每年选取，过程非常严谨。当时公众舆论对尤利乌斯·凯撒非常有利，不过也有很多强势的竞争对手和政敌。但这些人也相互竞争、互相憎恶。那时庞培和马库斯·李锡尼·克拉苏是不共戴天的仇人，他们相互倾轧，为各自的权力而战。由于卓越的军事才能，庞培具有较强的影响力。马库斯·李锡尼·克拉苏，正如上文所说，富可敌国，也有较强的影响力。尤利乌斯·凯撒在双方面前都比较有影响力，就考虑大胆的计划，协调双方，然后利用双方的联合力量实现自己的目标。

尤利乌斯·凯撒非常成功。他向双方表明，如果相互竞争，只会消耗自己的实力，让共同的敌人得利。尤利乌斯·凯撒提议双方联合起来，与自己一起，为共同的目标而战，共进共退。他们愿意接受这一提议，于是三方联盟成立，规定各方都要竭尽所能，促进另外两方的政治升迁，只有三方一致同意，才能采取措施。尤利乌斯·凯撒忠实地履行联盟成员的职责和义务，但实现自己的最终目标之后，他就背信弃义了。

安排妥当后，尤利乌斯·凯撒积极着手准备竞选执政官之职。他把自己的名字和卢凯乌斯联系在一起，卢凯乌斯富甲天下，承诺负责尤利乌斯·凯撒选举的支出。尤利乌斯·凯撒的敌人知道无法阻挡他，就决定集中力量，阻止尤利乌斯·凯撒期望的另一个执政官当选。于是，他们就选毕布路斯作为候选人。毕布路斯一直是尤利乌斯·凯撒的政敌，他们认为，毕布路斯和尤利乌斯·凯撒担任执政官，双方的骄傲和野心就会相互制衡。于是，就捐赠钱财，使毕布路斯的竞选开支能够和卢凯乌斯抗衡，继续拉票。

最后尤利乌斯·凯撒和毕布路斯当选，开始上台履职。但尤利乌斯·凯撒完全忽视毕布路斯，全面掌权。他推出、实施一项又一项措施，只为满足民众的需求。起初，遭到了毕布路斯和元老院主要成员的强烈反对，尤其是马尔库斯·波尔基乌斯·加图。马尔库斯·波尔基乌斯·加图是严厉而又顽固的爱国元老，软硬不吃。但尤利乌斯·凯撒如今已经足够强大，毫不犹豫地镇压

富甲天下的卢凯乌斯的豪华宴饮

了反对派。一次，在元老院，他下令逮捕马尔库斯·波尔基乌斯·加图，并送进监狱。另外一个主要元老站起来跟上他。尤利乌斯·凯撒问他到哪里去，他说要跟马尔库斯·波尔基乌斯·加图一起去监狱，宁愿待在监狱，也不愿和尤利乌斯·凯撒相见于元老院。

尤利乌斯·凯撒对毕布路斯置若罔闻，完全掌控执政权。最后，毕布路斯彻底气馁、失望，辞去所有官职，回到家里闭门隐居，留下尤利乌斯·凯撒独自掌权。罗马人习惯在历史书籍和叙事著作中，用在位执政官的名字纪年，而不是像我们一样用数字表示。这样一来，尤利乌斯·凯撒执政期间，按照通常的用法，应该用“尤利乌斯·凯撒与毕布路斯之年”纪年。但为了突出尤利乌斯·凯撒的重要性和毕布路斯的渺小，经常用“尤里乌斯-凯撒之年”表示纪年，没有把毕布路斯的名字放在一起，而是采用尤利乌斯·凯撒的名字的两个字来纪年。

第四章

征服高卢

精彩看点

尤利乌斯·凯撒渴望成为战士——成就与声望——征战地区——山南高卢和山北高卢——凯撒时代的高卢——非凡骑兵团——尤利乌斯·凯撒的计划——尤利乌斯·凯撒的借口——阿里奥维斯图斯——爱杜依人——尤利乌斯·凯撒与阿里奥维斯图斯的谈判——尤利乌斯·凯撒的口信——阿里奥维斯图斯回复尤利乌斯·凯撒——作战准备——罗马军队陷入恐慌——尤利乌斯·凯撒的演讲——尤利乌斯·凯撒演讲的效果——双方会面——两军会谈——尤利乌斯·凯撒信使被抓——日耳曼人战败——解救尤利乌斯·凯撒信使——胜利的果实——尤利乌斯·凯撒频传捷报——北方民族介绍——奇怪的风俗——训练有素的马匹——尤利乌斯·凯撒大受欢迎——尤利乌斯·凯撒的军事习惯——修建横跨莱茵河的桥梁——驿站制度——伟大功能——尤利乌斯·凯撒入侵不列颠——入侵借口——尤利乌斯·凯撒咨询商人——沃卢森努斯——尤利乌斯·凯撒召集船只——军队登船——舰队航行——不列颠人备战——尤利乌斯·凯撒召开军官会议——登陆——开战——不列颠人战败——尤利乌斯·凯撒在罗马的声望——征战伟绩

尤利乌斯·凯撒当选了罗马执政官，这是罗马当时的最高权力职位。然而，尤利乌斯·凯撒的野心并没有就此满足。他想要获得更多的荣誉，得到更大的权力。要想实现，唯一的办法就是开启海外征战。尤利乌斯·凯撒渴望成为一名战士。此后他夺得军队指挥权，开始在欧洲中心地区发起战争，这一战持续了八年之久。这八年是尤利乌斯·凯撒一生中最重要，也是最耀眼的时期。尤利乌斯·凯撒的军事生涯极其成功，这场战争的胜利极大地提高了他的声望和权力。同时，尤利乌斯·凯撒也是一名作家，他将自己的经历记录下来，笔调清晰易懂、引人入胜，造诣颇高，世代流传。时至今日，学者们仍在研读，极大地促进了尤利乌斯·凯撒名望的流传。

尤利乌斯·凯撒几乎征服了现今意大利北部、瑞士、法国、德国及英格兰的所有区域，这是他军事生涯中的第一次伟大壮举。当时，这片土地被称为高卢，阿尔卑斯山脉意大利一侧的部分是南阿尔卑斯山高卢，称为山南或山内高卢，另一侧为山北或山外高卢。山北高卢即现在的法国地区，当时有一部分已被罗马征服，沦为一个省份。当时叫做“省”，后来名字拼写稍微发生了一些变化，并沿用至今，也就是现在法国的普罗旺斯。

高卢地区示意图

尤利乌斯·凯撒入侵的国家均由不同的民族和部落占领，多数国家军队组织良好、人民英勇好战，部分国家文明富有。他们开垦了大片耕地，丘陵边坡和山腰长满了绿草，形成了天然牧场，遍布成群的山羊、绵羊、牛群。平坦的地面上点缀着喜人的葡萄园，广阔的田野里谷类作物随风起舞。这些国家拥有城市、堡垒、船只和军队。对于现代社会而言，他们的风俗习惯有些粗俗，战争形式也是半野蛮状态。尤利乌斯·凯撒在书中叙述，他征战过的一个国家，军队里的骑兵团，每一匹马都有两名士兵，一名是骑手，一名是步兵随从。如果战况不利，骑兵纵队快速撤退时，步兵就紧紧抓住马鬃，被马拽着飞奔，穿越战场，还能一直在骑手身边，协助同伴一并逃离至安全地带。

虽然罗马人觉得这些国家还只是半开化，但尤利乌斯·凯撒认为，征服他们仍是光荣而伟大的事业。征战过后，掠夺没收当地政府的财产，收取当地人民的税贡，可以获取巨额财富。因此，尤利乌斯·凯撒运用大量的政治手段和管理策略，把军队召集起来，率领并指挥了一个由三支罗马军团组成的庞大队伍。其中一支就是第十军团，战士们作战勇敢刚毅，深受尤利乌斯·凯撒喜爱。尤利乌斯·凯撒带领着这些军团，出征高卢。那年，他还不满四十岁。

向任何一个想要征服的国家宣战，尤利乌斯·凯撒都能不费吹灰之力地找到借口。当然，那些国家之间经常发生战争，一直存在无法解决的争端和矛盾。由此，尤利乌斯·凯撒亲临现场，支持一方或者另一方。但其实这都无关紧要，因为最终结局已定，他会主宰双方。不过，最好可以用一个例子来说明尤利乌斯·凯撒的这种操作手段，我们就以阿里奥维斯图斯为例。

阿里奥维斯图斯是日耳曼部落的领袖，名义上是罗马的盟友。他带领军队跨过莱茵河征服了高卢，把一些国家收归附属国。其中，爱杜依人最为出名，为了简便起见，我们就用这个名字称呼所有相关人物。尤利乌斯·凯撒来到爱杜依人管辖地区，与他们进行谈判，如尤利乌斯·凯撒所言，爱杜依人请求他帮助他们摆脱日耳曼敌军的统治。其实，如果尤利乌斯·凯撒愿意，他有足够的手段诱使爱杜依人提出这种请求。事实上，他们很可能也提出了这样的建议。通过会谈，尤利乌斯·凯撒找出了合情合理的借口，从而堂而皇之地介入两国争战。

于是，尤利乌斯·凯撒派信使跨过莱茵河给阿里奥维斯图斯送信，说希望同阿里奥维斯图斯就重要事务进行一次会面，请他确定方便的时间和地点，尤利乌斯·凯

全副武装的高卢战士

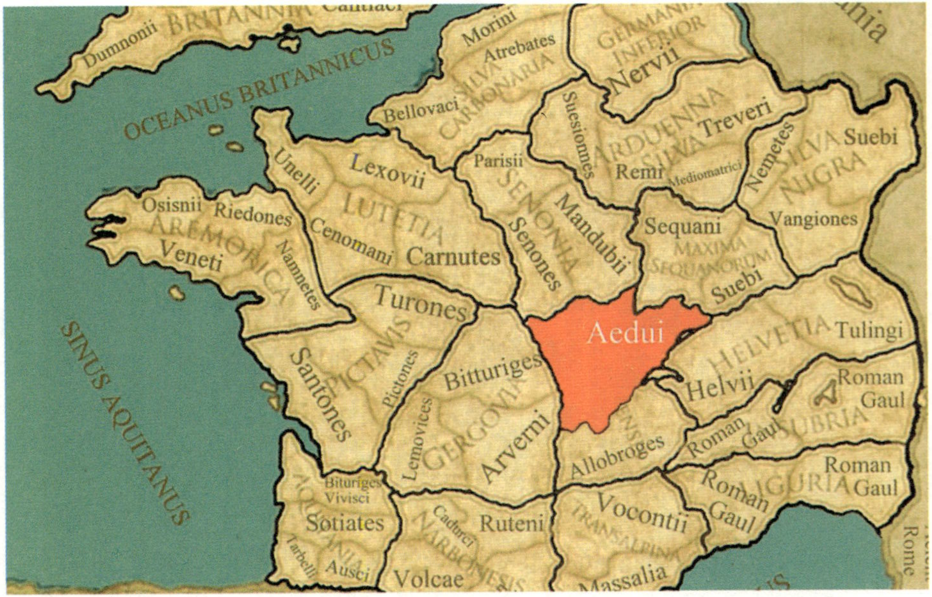

爱杜依人在高卢地区的分布图

全副武装的爱杜依人

撒将前往赴会。

阿里奥维斯图斯回复，如果自己想要与尤利乌斯·凯撒商谈，无需等他提议。同样地，如果尤利乌斯·凯撒想面谈，就必须亲自前往自己的领土。阿里奥维斯图斯说，没有军队护送，尤利乌斯·凯撒来高卢可能不安全，同时自己也不方便集结军队进行会谈。

尤利乌斯·凯撒再次给阿里奥维斯图斯口信，既然阿里奥维斯图斯拒绝会面，不履行义务，那么他就要明确提出一切要求。爱杜依人是自己的盟友，受他保护，阿里奥维斯图斯必须将劫持的爱杜依人安全送回，保证今后不再派兵跨过莱茵河，也不允许对爱杜依人开战或以任何方式伤害他们。如果遵守以上条约，一切好办。如若违反，尤利乌斯·凯撒绝不会对自己盟友的抱怨坐视不管。

阿里奥维斯图斯并不惧怕尤利乌斯·凯撒，因为尤利乌斯·凯撒当时还没有征服他们，在军事方面也并不耀眼，所以他没有理由担心。他回复道，不明白为什么尤利乌斯·凯撒要介入这场战争。

紧接着说，“爱杜依人曾经尝试与我们作战，但大败。他们必须认清现实。罗马人按照自己的方式管理征服的省份，不用对其他国家负责。同样，我也按照自己的方式管理征服的省份。我可以保证，只要爱杜依人乖乖臣服，按时朝贡，我绝不伤害他们。至于你威胁说不会坐视不管他们的抱怨，除非你想飞蛾扑火，从来没有哪个国家胆敢向我们发起战争。如果想要知道自己的结局，尽管放马过来。”

双方即刻准备开战。阿里奥维斯图斯并没有坐以待毙，而是集合军队，穿过莱茵河，进入尤利乌斯·凯撒之前指定的禁区。

然而，当尤利乌斯·凯撒开始安排军队迎击即将到来的敌军时，整个营地流传着日耳曼人身材魁梧、骁勇善战、勇敢非凡、力大无比的传言，让尤利乌斯·凯撒的士兵陷入一片恐慌。最后，焦虑和恐慌不断蔓延，军官们也沮丧气馁、人心惶惶。尤利乌斯·凯撒的军队面临哗变。

了解情况之后，尤利乌斯·凯撒立即召集军队，发表演讲阻止惊慌情绪的蔓延。尤利乌斯·凯撒说，他非常惊讶，士兵竟然会这样沮丧、恐慌，大家对尤利乌斯·凯撒如此缺乏信心。还说，士兵的职责是时刻听命指挥官的指挥，一番评论之后，又提出了与日耳曼人交战的注意事项，消除士兵的恐惧。最后补充说，原本还没有决定出征时间，现在他决定次日凌晨三点出发。这样就可

日耳曼人家庭

日耳曼人的生活·生产情景

以知道，哪些人胆小不敢跟随出战，即便只剩第十军团，他也依旧亲自出征。尤利乌斯·凯撒非常肯定，在自己的带领下，士兵们绝对不会退缩。

士兵们都被打动了，一方面羞愧自己的行为，另一方面被将军果断命令的语气感染，还有一方面被感受到的勇气和信心重新肯定，都放下恐惧，竞相热情投入随后的战斗。两军互相逼近，就在此时，阿里奥维斯图斯派信使传话，如果尤利乌斯·凯撒愿意，他可以面谈。尤利乌斯·凯撒同意这个提议并安排了会谈。双方均像往常一样，做好一切防备，防止对方背信弃义。

双方营地之间是一片开阔的平原，中间有一块隆起之地，会谈就安排在那里。阿里奥维斯图斯提议双方均不可带步兵，只能带骑兵前往。带来的骑兵只能驻守在各自的山脚下，各自只带十名骑马的随从会谈。尤利乌斯·凯撒同意了。就这样，两军首领骑着马，在小山顶进行了一场长时间的会谈。

会谈中，这两位首领实际上只是重复了之前的提议，没有任何实质性进展。最终，尤利乌斯·凯撒结束会谈，撤离山丘。几天之后，阿里奥维斯图斯又派人请求再安排一次会谈，或者派一名军官到营地交流。这次尤利乌斯·凯撒断然拒绝，认为派任何一名重要军官都不明智，

凯撒与阿里奥维斯图斯会谈

因为对方很可能会背信弃义将其抓为人质。于是，尤利乌斯·凯撒派遣了一名普通信使，由两人护送。这一行人一踏入阿里奥维斯图斯营地就全部被抓囚禁。此时尤利乌斯·凯撒坚定不移，决心开战。

在这场战斗中，亦如之前在谈判中表现的睿智和机敏，尤利乌斯·凯撒证明了自己在战略安排部署方面的高超技能。几天下来，双方频繁演练、调兵遣将，都希望在战斗中获取最大优势。战斗最终爆发，尤利乌斯·凯撒军团大获全胜。日耳曼人溃不成军，辎重和装备被缴，军队四散逃窜，朝着莱茵河方向仓惶逃跑。罗马军队全面追击，那些成功逃脱的人乘着小船、划着竹筏各自返乡。阿里奥维斯图斯也找到一只小船，带着两名侍卫，渡过莱茵河逃跑了。

尤利乌斯·凯撒率军奋力追击溃逃敌军，途中遇上一群人，慌慌张张，赶着一个四肢拴着铁链的囚犯。这个囚犯正是尤利乌斯·凯撒派往阿里奥维斯图斯营地的信使，不出所料，阿里奥维斯图斯背信弃义，扣押了这名信使。当然，重获自由的信使欣喜若狂，说对方士兵曾三次抽签决定是把自己活活烧死还是留待将来消遣，不过每次抽签自己都很幸运。

通过这场战争，尤利乌斯·凯撒成功夺取了高卢这个地区的全面控制权，高卢也因此摆脱了阿里奥维斯图斯的统治。高卢其他地区也深受尤利乌斯•凯撒战绩的影响，针对突然兴起的军事力量，不同地区也开始考量采取行动。一些民族决定采取不抵抗策略，与尤利乌斯•凯撒联盟，寻求庇护。另外一些英勇善战或对自身实力比较自信的民族，开始联合起来抵御尤利乌斯•凯撒。然而，无论何种方式，结局都是一样。尤利乌斯•凯撒的权力无处不在，而且不断蔓延扩张。尤利乌斯•凯撒在高卢的八年军旅生涯无法在一章之中一一叙述，只能点到为止。行军、谈判、战斗、胜利，周而复始，互相交织，个中细节可以用一整本书娓娓道来，所有这些都成功地使尤利乌斯•凯撒权力增长、名望提升。

在自己的著作《内战记》中，凯撒特别描述了征战时期遇到的一些人的生活方式和风俗习惯。例如，有一个国家，所有土地全部共有，整个社会建立在全民皆兵的庞大军队基础之上。全国划分为一百个行政区，每个行政区有两万人可以携带武器。如果都被召集入伍，将组成一支二十万人的军队。但按照惯例，只有一半人口组成军队，另一半留在家里耕田种地，照料牲畜。这两部分人每年交换角色，士兵变成农夫，农夫成为士兵。因此，他们都熟知营地的艰难困苦、危险重重，也习惯连续不断、相对安稳的农业耕种。田地多数用于牧场，少量用于耕种。因为牛羊到处流动，所以相比农业，牧业更易保存、不易破坏和掠夺。孩子们几乎从小放养，在冰冷的溪水中洗澡，几乎不穿什么衣服，在群山之间长时间狩猎，以此强身健体。这里的马匹品种优良，人们从小骑马，而且不用马鞍和缰绳，马匹被训练得服服贴贴，非常听话，令人羡慕。有时，在战斗中，骑兵跳下马协助步兵作战，马匹会原地不动等待骑兵归来。等完成任务，骑兵跃身上马，重新列队又是一支骑兵团。

尤利乌斯·凯撒在军队管理方面非常积极果断，在所有战役中都深受士兵爱戴。当然，战士们在战场上必然经历艰难困苦，尤利乌斯·凯撒常常与他们同甘共苦，很少听到士兵牢骚抱怨。行军过程中，尤利乌斯·凯撒一马当先，通常骑马，但有时也经常步行。盖乌斯·苏维托尼乌斯·特兰克维鲁斯指出，行军过程中，无论天气好坏，尤利乌斯·凯撒都经常不带帽子。这样暴露自己明显没有必要，除非是某些特殊场合需要达到某种效果，否则动机令人费解。如果没有办法过河，尤利乌斯·凯撒就会和部下一样，趟水或游泳过河。有时还会用充气的袋子放在腋下增加浮力。一次，为了让部队顺利渡河，尤利乌斯·凯撒下令在莱茵河上架起一座桥。修建这座

尤利乌斯·凯撒渡过莱茵河

桥时，把桩打进河床沙子里，桩上铺上木板。尤利乌斯•凯撒认为在莱茵河上架桥是一项伟大的尝试，就写下短文记录了造桥过程，几乎与现代木工原理完全一样。

被征讨的国家臣服之后，尤利乌斯・凯撒在重要的行军路线上设置了一系列驿站，沿线每隔十英里或二十英里，就安置马匹物资。这样一来，在紧急情况下，他和军官或信使们，可以随时以最快的速度在驿站找到备好的马匹。用这种方式，尤利乌斯・凯撒一天可以行进一百英里。当时这一制度主要用于军事，被所有欧洲国家几乎一直沿用至今，既适用马车旅行也适宜骑马旅行。一家人买一辆马车，车里安排好旅途必备的舒适、便利的设施，沿途每个村庄都可以更换驿马向下一站出发。因此，他们可以自由控制旅行速度，行动不再受动物耐力的约束。由于某些原因，美国并没有引入这项设计，现在更不可能了，因为，毫无疑问铁路系统会取而代之。

尤利乌斯・凯撒征战期间，最举世瞩目的行动就是远征大不列颠。或许是出于对冒险的热爱，或许是渴望在罗马为自己赢得声誉，此前罗马军队从未到过如此遥远的地带。不过，尤利乌斯・凯撒为自己入侵不列颠找了个完美的借口，那就是在与高卢的战争中，不列颠岛上的人总是穿过英吉利海峡帮助高卢人。

入侵大不列颠之前，首要任务是获取这个国家的所有信息。当时，大量商旅带着便于运输的货物从一个国家到另一个国家进行贸易活动，往往对去过的国家了如指掌。到达今法国北岸后，尤利乌斯·凯撒尽其所能，找来大量商人询问横渡英吉利海峡的方式、英格兰的港口情况、地理构造及军事力量。不过，令人遗憾的是，这些商人提供的信息少之又少，只知道不列颠是个岛屿，却不知道具体的边界范围，也不了解当地风俗特征。那些商人说，他们一般是在南海岸登陆，进行买卖，从未深入这个国家内陆。

尤利乌斯·凯撒在紧急情况下毫不犹豫、果断勇敢，但其他时候还是非常小心谨慎的。登陆前，尤利乌斯·凯撒命令先装备好一艘船，船上配有一名军官和一组船员，指挥他们穿越英吉利海峡到达英格兰海岸，沿陆地各个方向航行几英里，观察寻找最便利的港口及登陆地点，再查看整体海岸情况。这艘船是单层甲板的大帆船，配备众多划桨手，个个都是精挑细选，身强体壮，这样可以保证遇到任何危险都能及时撤退。船上的指挥官是沃卢森努斯。他带领船员起航了，士兵们热切地看着这艘船驶离海岸。沃卢森努斯一行去了五天，回来后给尤利乌斯·凯撒讲述了所见所闻。

与此同时，尤利乌斯·凯撒沿整个海岸线召集大量帆船，打算用这些船只带领军队横渡英吉利海峡。尤利乌斯·凯撒计划带领两个军团挺进不列颠，其余兵力驻扎在高卢各个要塞，以备入侵不列颠后发生不幸能安全撤退。在登陆点驻守大量兵力必不可少，除了八十艘满载步兵的运输船之外，还委派了十八艘船运送骑兵团。骑兵团与步兵团从不同港口出发，两地相距约八十英里。

适宜登船出发的日子终于到了，军队登船，扬帆起航。由于出海时机要看风向和天气状况，出发时间无法提前确定。因此，吉时一到，军队主力启航，但命令传到骑兵集结的港口还需一些时间。此外，还有其他原因也拖延了时间。因此，如今看来，凯撒军团第一次登陆不列颠海岸时，先登陆的步兵团不得不孤军奋战。

凌晨一点，尤利乌斯·凯撒舰队起航。与此同时，不列颠人得到尤利乌斯·凯撒入侵的消息，集结了大批军队、骑兵、战车，做好充分防御，时刻准备保卫海岸。凯撒军团靠近登陆点，海岸周边是一排白垩质的悬崖峭壁，峭壁之间分布着类似山谷的开口，与海岸相通，有的下方还藏着狭窄的海滩。罗马军舰队驶近陆地时，尤利乌斯·凯撒发现悬崖上处处驻守着不列颠士兵，每一个登陆点都严防死守。当时已是上午十点，尤利乌斯·凯撒发现无法登陆，就命令舰队停泊在海岸附近，远离敌人的弹道武器的攻击范围。

尤利乌斯·凯撒暂停登陆。几个小时过去了，期间所有船只会合，有些船只在启程时耽搁了或在横穿英吉利海峡时行进缓慢。尤利乌斯·凯撒召集军队高级官员，详细阐述接下来要采取的登陆计划。约下午三点，尤利乌斯·凯撒把军官们送回各自船上，命令他们沿着海岸航行。冒着风浪，舰队起锚，继续航行。不列颠人察觉到这一举动，在陆地上跟随舰队移动，以便随时在任何可能登陆的地方与敌人开战。不列颠人的骑兵和战车提前出动，步兵紧随其后，为了能跟上舰队的速度，他们步履匆忙，急切向前行进，势必赶在凯撒军团抵达登陆点之前，做好阻击准备。

舰队继续前进了约八英里，来到一片相对平坦的海岸，这里看起来容易登陆。尤利乌斯·凯撒决定尝试登陆，把船拉上岸，尽可能接近海滩，命令士兵带着武器跳入水中。不列颠人早已在此等候，一场可怕的恶战随之而来。战士们半浸在水里，在海滩上翻滚的浪花中打斗，鲜血染红了海面。这时几艘大帆船抵岸，甲板上的士兵用梭镖和弓箭攻击陆地上的不列颠人。最终，尤利乌斯·凯撒获胜，赶走了不列颠人，罗马军队悄悄占领

罗马军队抵达不列颠海岸

凯撒指挥军队在海岸与不列颠人激战

了整个海岸。

后来，尤利乌斯·凯撒经历了各种各样的冒险，在不列颠许多近在眼前的危险中幸免于难，征服了许多偏远地区，获得了极高的声誉，但除此之外，不再有它。不过，这些荣誉本身对于尤利乌斯·凯撒来说不可或缺。事实上，通过高卢、罗马、整个意大利的征战，尤利乌斯·凯撒已经家喻户晓，远征不列颠又让他名声大噪。民众听说他们之前就一直爱戴的尤利乌斯·凯撒接连获胜，个个喜出望外，一次次地发布尤利乌斯·凯撒获胜的讯息。更多的荣誉、更大的权力在等着尤利乌斯·凯撒，人们时刻准备迎接他的回归。

从军事角度看，尤利乌斯·凯撒征战的英勇事迹足以震古烁今。普鲁塔克在总结这些伟绩时表示，尤利乌斯·凯撒夺取了八百个城市，征服了三百个国家，与三百万人进行了激战，俘虏了一百万人，在战场上杀死了一百万人。对于尤利乌斯·凯撒个人来说，他花费八年的时间征战，只是为了满足对统治的疯狂热爱，这是多么毁灭性的壮举！

第五章

凯撒与庞培之争

精彩看点

庞培的诞生——庞培的个人形象——计划刺杀庞培——庞培的冒险和逃脱——庞培父亲之死——庞培为父亲辩护——庞培成为将军——庞培打败敌军——庞培声望不断提高——庞培的谦逊——一个例子——庞培与妻子离婚——庞培娶苏拉的继女为妻——庞培在非洲的成功——庞培士兵的忠诚——庞培的“大帝”称号——庞培要求举行凯旋仪式——苏拉拒绝庞培的凯旋仪式——但苏拉最后同意了——庞培的凯旋仪式——庞培在罗马的行为——西利西亚海盗——海盗日益猖獗——西里西亚的船只和堡垒——征服海盗——消灭海盗的计划——规模庞大——任命庞培为指挥官——粮食价格下跌——庞培大获全胜——庞培驱逐海盗——罗马狂欢——海盗聚集——海盗投降——大战——处置海盗——庞培征服小亚细亚——庞培盛大的凯旋——前三巨头——庞培的妻子茱莉亚·凯撒——庞培与尤利乌斯·凯撒公开为敌——庞培与尤利乌斯·凯撒的野心

当尤利乌斯·凯撒像耀眼的太阳高挂蓝天、光芒四射之时，罗马还有一位将军征战于世界其他地区，以相似的方式赢得了与尤利乌斯·凯撒相同的声望。他就是庞培将军，最终成为尤利乌斯·凯撒的劲敌。为让读者清楚了解两位英雄之间的斗争，我们现在回顾一下尤利乌斯·凯撒彻底征服高卢之前，庞培个人历史中的细节故事。

庞培生于公元前 106 年，年长尤利乌斯·凯撒几岁，父亲是一位罗马将军。庞培从小生活在军营，年轻时玉树临风、相貌英俊、彬彬有礼，额上的头发稍微有些卷曲，黑色的眼睛充满智慧和活力。另外，庞培的面部表情、神态和谈吐都散发出难以形容的魅力，让人产生强烈的好感，从很早开始，就在熟悉的人中产生了非凡的吸引力。

尽管大受欢迎，但即使在早年时期，庞培依然无法逃脱动荡年代招致的危险，这似乎是每个公众人物面临的情况。在马略和苏拉的斗争中，尤利乌斯·凯撒加入了马略派，而庞培的父亲支持苏拉。战争期间，庞培年纪尚轻。有一次，有人阴谋暗杀，想把庞培的父亲烧死在帐篷里。同时，庞培的同僚特伦提乌斯与庞培同居一

庞培的头部雕像

个帐篷，受人贿赂想要将庞培杀死在睡梦中。庞培意外得知这个阴谋，并没有慌乱。相反，他安排卫兵守护父亲的帐篷，跟平时一样与特伦提乌斯共进晚餐，谈天说地，比平时态度更随意、更友好。当晚，庞培对床铺进行了伪装，好像自己躺在床上，然后偷偷溜走。约定时间来临，特伦提乌斯走进帐篷，走向庞培的床铺，以为他睡在那里，连刺数刀，被子、床单多处刺穿，不过，显然丝毫没有伤及刺杀对象。

在马略和苏拉争战期间，庞培经历了各种各样的苦难，遭遇多次非同寻常的冒险和九死一生的逃亡，此处不再一一赘述。士兵们痛恨庞培的父亲，却喜欢庞培。有多喜欢庞培，就有多恨他的父亲。最终，庞培父亲的帐篷被闪电击中。大概是因为庞培的父亲平时残忍压迫士兵，由于对他的仇恨，士兵们不允许悼念庞培的父亲，也不同意举行常规葬礼。他们把尸体从架在焚尸柴堆上的棺材里拉出来，无情地拖走了。庞培的父亲死后，还被指控挪用公款进行私用。庞培在古罗马城市中心广场为父亲辩护，证明父亲的清白。在这场辩护中，庞培大获全胜。初审时，由于庞培年轻英俊，在场之人听到他的辩护，都被深深吸引，支持庞培。在庞培继续辩护的过程中，雄辩的能力和气势赢得了一片掌声。主审法官对庞培的表现非常满意，对他寄予厚望，并将女儿安蒂斯夏许配给他。庞培欣然接受，娶她为妻。

庞培迅速脱颖而出，地位越来越高，后来获得了一支军队的指挥权。事实上，这支军队大部分是由庞培本人招募组建的。面对苏拉的敌军，庞培身先士卒，激情饱满，成功打败敌人。后来，在意大利东海岸，庞培同时被三支军团围困。敌军缓慢逼近，认为一定会彻底击败他。苏拉获悉庞培被困，想尽办法营救。救兵抵达之前，庞培已经与敌军交锋，将他们各个击破，成功打败敌军。因此，苏拉到达时，庞培列队出迎，军队队列壮观，小号齐鸣、旗帜招展，最后面囚禁着众多丢盔弃甲的敌军。苏拉非常吃惊，也很敬佩。庞培尊称苏拉为苏拉大帝——当时古罗马宪法中官员的最高级别。本来苏拉位高权重也配得上这个称号，但苏拉却回敬庞培，把这一最高赞誉给了他。

庞培出发前往罗马。庞培的汗马功劳、独特的人格魅力以及苏拉的欣赏，使他的地位越来越高。然而，庞培并没有像大多数年轻人那样洋洋自得、居功自傲。相反，他谦虚稳重，得到了大家的认可，认识的人都对他交口称赞。当时，有一位老将军梅特卢斯驻守高卢，可能因为年事已高或其他原因，在管理上表现无能，毫无

罗马士兵中的盾牌手、号手、旗手

建树。不过，梅特卢斯的事情发生在尤利乌斯·凯撒征战高卢之前。苏拉提议让庞培取代梅特卢斯，而庞培回复称，自己无论从年龄还是性格，都不适合取代他，但如果梅特卢斯需要自己的协助，自己一定会立赴高卢，鞍前马后为他服务。梅特卢斯得到消息，写信邀请庞培

苏拉的头部雕像

梅特卢斯

前来。庞培受邀而来，取得的成就之大，获得的荣耀之多，都前所未有。

古历史学家描述的轶事能使我们更加了解庞培的优秀品质。然而，有些事似乎彰显了不同的迹象。比如，梅特卢斯事件之后，庞培回到罗马，苏拉更加欣赏庞培的人品，也更依赖庞培的忠心，希望和庞培联姻，加深关系。苏拉提议庞培与妻子安蒂斯夏离婚，然后和自己的继女艾米莉亚结婚。当时艾米莉亚已经嫁人，因此需要撬别人墙角，让她离婚，然后才能成为庞培的妻子。然而，庞培认为这样的安排似乎没什么不妥，也没什么困难。他抛弃了自己的妻子，让别人的妻子取代了她的位置。现在看来，这种行为不仅严重违反了法律，更违背人性对是非的判断。不难预料最后的悲惨结局。安蒂斯夏深陷痛苦，不能自拔，她的父亲因为庞培的原因丢掉性命，母亲也因为家庭的不幸痛苦绝望，自杀身亡。庞培的新妻艾米莉亚婚后不久也难产而亡。

然而，家庭烦恼并没有对庞培职业生涯的成功与荣耀带来什么阻碍。苏拉委派给庞培一项又一项重要任务，他总能圆满完成，令人钦佩。庞培曾奉命远赴非洲，在那里取得了轰轰烈烈的战绩，按时完成远征任务，载誉归来。庞培的士兵非常忠实于他，苏拉诏命庞培返回罗马时，还差点儿引起哗变。他们不是臣服于权力，而是臣服于庞培。庞培最终竭尽全力，想方设法终于平息士兵情绪，使军队恢复正常。然而，此事传到罗马，据说到了苏拉那里就成了庞培因不愿放弃军队指挥权，在非洲领军叛乱。苏拉起初非常愤怒，认为自己的权威受到了“一个男孩”[①]的轻视和冒犯。不过，得知事情原委后，他对这个年轻的将军更加敬佩。他亲自出城迎接庞培，

① 庞培当时还很年轻。——原注

称他为“庞培大帝”。时至今日庞培依然被冠以这个称号。

现在，庞培似乎开始体验成名和赞誉在心理上产生的效果。当时，庞培要求给自己举行凯旋仪式。凯旋仪式是一个盛大而又辉煌的仪式，将军从任何特别光荣的战役中战胜而归都会举行这种仪式，那些将军一般年龄较大，军职较高。通常，这种场合有一支规模庞大的游行队伍，展示凯旋者的各种徽章、胜利标牌、战利品以及征服者带回的战俘等。还有一支乐队伴随着游行队伍，热闹进城，各类旗帜迎风招展，走过凯旋门进入罗马城。一般情况下，凯旋仪式必须由元老院投票决定，这样更加名正言顺，显得他们当之无愧。当时苏拉独裁官的权

古罗马时期的凯旋仪式，士兵通过凯旋门

力至高无上，于是，庞培就向苏拉提出了请求。

苏拉拒绝了庞培的请求。他承认庞培在非洲战役的表现可圈可点，确实值得称赞，但庞培的年龄和级别都没有达到举办凯旋仪式的标准。苏拉说道，如果将如此殊荣授予年龄和职级都不合格的年轻人，只会使这个荣誉本身蒙羞，也会使自己的独裁官权力受损。

对此，庞培在集会上低声对周围的人说，苏拉不必担心凯旋仪式不受欢迎，因为人们总是崇拜冉冉升起的朝阳，而不是日暮西山的落日。苏拉没有听清他说什么，但看到庞培周围这些人的表情，察觉到他应该是说了什么大家都非常赞同的话，就问庞培刚才说了什么。庞培又重复了一遍刚才的评论，苏拉听后似乎非常满意，觉得这句话公正而又充满智慧，就宣布“给庞培举办凯旋仪式”。

于是，庞培安排好所有必需物资，准备了一场极其壮观的游行。庞培听说城里有人嫉妒他年少成名，对他要求举行凯旋仪式表示不满，这只激起他要把仪式搞得更加壮观、更加宏伟的决心。庞培从非洲带回一些大象，计划乘坐四头大象拉的游行车，与游行队伍一起进城。但经过测量，城门宽度不够，大象游行车无法通过，只好作罢。于是，改乘常规的马拉车，大象跟随鱼贯而入，

庞培的凯旋仪式，人们夹道欢迎

奖品、战利品等一应俱全紧随其后，庞培的马车置身其中，犹如众星捧月，熠熠生辉。

凯旋仪式后，庞培停留在罗马，时常参与维护各级政府部门的尊严和荣誉。他经常被叫到罗马广场辩护，无论何事，总能成功。然而，庞培似乎不再愿意与普通大众亲密交往，他非常清楚如果经常与普通百姓讨论一般性问题，他的军事声望很快就会被淹没。因此，庞培尽量不出现在公众面前，即使出现，一般身边也会有大群武装随从。庞培威风凛凛地走在前面，看起来像是一个攻城掠地的胜利将军，而不是一个热爱和平的公民，在法治社会履行普通的政府职责。就实现未来的雄心壮志的目标而言，庞培的这一行为非常睿智。他非常清楚，将来自己有机会采取更加有效的行动来提升自己的权力和名望，不应该混迹于普通市政事务的辩论当中。

最后，庞培确实等到了机会。公元前 67 年，尤利乌斯·凯撒晋升到罗马的政府部门，成功开启了公职生涯。第三章中曾经提到过西里西亚海盗，这群亡命之徒毫无顾忌，为非作歹，实力越来越强，掠夺程度也与日俱增，罗马意识到必须采取有力措施来镇压他们。在马略与苏拉内战期间，西里西亚海盗的人数以惊人的速度增长起来。他们建造、配备、组建了完整机制的舰队，在地中海沿岸拥有各式要塞、军械库、码头、瞭望塔等，还在安全隐蔽的地方修建了大量仓库存放掠夺品。海盗舰船装备齐全，配有经验丰富的船长，各类物资一应俱全，舰队构造完美，无论是速度还是安全级别，其他船只都无法望其项背。许多舰船都进行了极其奢华的装饰，如镀金的船尾、皇家雨篷和镶银的船桨等。据说海盗们拥有上千艘桨帆船。凭借这样强大的力量，海盗们几乎成了海上霸主，不仅袭击单独往来的船只，还抢劫配有护航队的商船舰队，增加了将粮食运往罗马的难度，提高了运送粮食的费用。通过拦截供应，他们囤积居奇，抬高价格。海盗在许多岛屿和沿海城镇称王称霸，拥有四百多个港口和城市。实际上，海盗已经形成正式的海上力量，拥有完备的管理体系，以至于来自其他国家上流社会的年轻人也开始参与海盗活动，意图开启一条名利双收的光荣之路。

显然，面对这样的形势，必须做出果断决定。庞培的一个朋友提出计划，提议任命一个人去抗击海盗，此人必须能力非凡，能够消灭海盗的统治。他没有提出让谁去，但大家都清楚庞培意欲前往。他还提议，去消灭海盗的人，要在海上拥有最高指挥权，在沿海五十英里的陆地区域也要具有最高指挥权。此外，还要有权自己筹集庞大的舰队和兵力，能从国库中提取一切必要资金，支付相关的巨额费用。如果法律允许创建这个部门，任命指挥官，显然这个指挥官会被赋予巨大的权力。但这一任务责任重大，罗马人民会要求他严格履行职责，完美完成任务，因为大家已经把一切必要的权力无条件地交付于他。

由此展开了大量的部署、操作和辩论，一方赞同通过法案，一方反对。此时，尤利乌斯·凯撒虽然没有庞培声名显赫，但也已经迅速提升了自己的影响力和权力。尤利乌斯·凯撒支持这项措施，据说是因为他感觉人民会满意这条律法。最终法案通过，创建了这个部门，任命庞培担任指挥官。庞培接受委托，开始着手准备这项庞大的工作。任命庞培的消息甫一传出，立即引起了罗马粮食价格的下跌。即使降价，库存充足的粮商也都急于出手，因为他们相信庞培的措施会带来充足的粮食供应。人们吃惊于压力负担的突然减轻，说道，正是庞培的名字结束了这场战争。

不出大家所料，庞培成功了。他采用系统化的简单操作，耗时三个月，解放了地中海，消灭了海盗，完美诠释了由个人超强大脑单独策划、集体联合行动的最惊人的实例。这个例子在古今史书上都有记载。具体操作

古罗马时期的货币，正面为庞培头像，背面是一艘桨帆船

实施方式如下：

庞培组建、装配了大批桨帆船，把它们分成不同的舰队，每个舰队都由一名上尉指挥。然后，庞培将地中海划分为十三个区域，每个区域指定一名上尉带领舰队守卫。派遣舰队前往各自既定的位置之后，庞培从城中出发，亲自前去指挥作战。在庞培前去登船的路上，大批民众跟着他，不断地高声欢呼。

庞培从直布罗陀海峡起航，率领一支强大的舰队向东方进发，驱逐着前面的海盗。同时，沿岸驻守的海军上尉进行警戒，防止海盗找到退路或避难之处。一些海盗

直布罗陀海峡示意图

船被包围拿下，还有一些逃窜。庞培舰队一路追赶，直至把他们赶出西西里海岸及意大利与非洲海岸之间的海域。罗马再次与南边产粮国家建立联系，大批粮食供给立即涌入罗马。看到庞培成功地完成人民交托的任务，全国上下举国同庆，人人兴高采烈，欣喜若狂。

意大利半岛和西西里岛实际上是地中海北岸延伸出来的角，与对岸的非洲大陆隔海相望，形成一条海峡，从而将这片浩瀚的海洋分成两片独立的海域。现在，海盗已经被完全驱逐出西部海域。庞培派他的主舰追在海盗后面，穿过西西里岛和意大利南部到达布林迪西——意大利西部的大港口。他自己将从陆上穿越半岛，然后经罗马加入布林迪西的舰队。与此同时，那些逃离庞培舰队追击的海盗已经退到西里西亚附近的海域，在那里集中兵力准备做最后的垂死挣扎。

庞培在罗马受到了热烈欢迎。当他走近罗马城时，人们纷纷成群结队前来迎接，大声欢呼。然而，庞培并没有留在城市享受荣耀，而是尽快采购必需物资，继续出发。在布林迪西找到了他的舰队，立即登船出海。

庞培继续追击海盗，自始至终保持着同样的气势和决心，丝毫没有改变。有些海盗发现自己被围困，活动海域越来越小，就放弃挣扎主动投降。虽然海盗有罪，但庞培没有严厉惩罚他们，而是以伟大的人道主义对待他们，也同样对待落入他手里的海盗妻小。这使许多海盗纷纷主动投降，到了最后，抵抗的海盗大大减少。尽管大多数海盗已经投降，但仍有部分顽固分子绝望地离开，决不投降。这些人想方设法，带着剩余力量撤退到西里西亚海岸据点，把妻儿送回山中相对安全的要塞避难。

庞培在后面追逐着海盗，用带来的武装桨帆船把他们围困起来，切断一切可逃之机。最终，在那里上演了一场大决战，永远结束了海盗的统治。庞培摧毁了海盗的船只，拆除了他们的防御工事，把海盗占据的港口和城镇返还给原来的主人，把海盗和他们的妻儿遣送到内陆地区，让他们成为农民和牧民，希望他们能够在划定的区域自力更生，依靠自己的劳动成果安居乐业，不再干扰海上贸易。

此事之后，庞培没有回罗马任职，而是被罗马政府委以新的任务，前往小亚细亚。庞培在那里征战几年，像尤利乌斯·凯撒在高卢一样追求着自己的征服事业。最后，庞培回到罗马，成就了罗马当时最盛大的凯旋。游行队伍展示的战利品、俘虏，象征胜利标志的物品，以及大批宝藏和掳掠品等，花了两天时间才全部进城，没有展示的剩余物品足以举办另一次凯旋仪式。总之，

庞培率军与海盗决战

庞培此时正站在辉煌与名望的巅峰。

然而，庞培发现，罗马仍然存在着一个宿敌和竞争对手，这人就是马库斯·李锡尼·克拉苏。马库斯·李锡尼·克拉苏之前就曾是庞培的对手，现在又表现出了新的敌意。两人的斗争中，庞培主要依靠他的声望，而马库斯·李锡尼·克拉苏依赖自己的财富。庞培试图用他对外征战中带回的狮子和大象来取悦民众；马库斯·李锡尼·克拉苏则向民众发放粮食，并在重大场合，邀请大家参加公众盛宴，款待民众，答谢大家的支持。据说，有一次马库斯·李锡尼·克拉苏用了一万张桌子宴请民众。整个罗马到处都遍布着两大政敌的争斗。正在此时，尤利乌斯·凯撒从西班牙回来，用前文已经提到的手段来消弭争端，在两人之间调和斡旋。尤利乌斯·凯撒把庞培和马库斯·李锡尼·克拉苏联合起来，和自己一起组成三人联盟，这就是罗马历史上著名的前三巨头。不过，对抗只是暂时得到抑制，虽然隐藏了起来，但并没有真正消减或者改变。马库斯·李锡尼·克拉苏的死亡使他很快退出政治舞台。此后一段时间，尤利乌斯·凯撒和庞培继续维持着表面的联盟。尤利乌斯·凯撒将女儿茱莉亚·凯撒嫁给庞培为妻，强化两人之间的关系。茱莉亚·凯撒年纪很小，父亲尤利乌斯·凯撒比庞培还小六岁，但茱莉亚·凯撒全心全意依恋着自己的丈夫，庞培也很喜欢她。实际上，她在两个伟大的征服者之间建立了一根牢固的纽带，只要她活着，纽带就不会断。然而，有一天，在一场选举中发生了暴乱，庞培身边有人被杀，他的长袍上沾满了鲜血。庞培换了衣服，仆人把换下的衣服带回家，茱莉亚·凯撒看到后非常害怕，以为丈夫死了。她晕倒了，健康受到严重影响，过了一

庞培的第三任妻子茱莉亚·凯撒

段时间后就死了。最终情况表明，正是这件事引发了她的死亡。随后，庞培和尤利乌斯·凯撒很快公开为敌。双方都野心勃勃，一个世界显然不能同时满足两个人的野心。之前在攀爬权力的山峰时两人相互提携，现在已经接近峰顶，目前的问题在于，谁能占领制高点。

第六章

跨越卢比孔河

精彩看点

卢比孔河——不起眼的小溪——重要的边界——尤利乌斯·凯撒在罗马花费钱财——尤利乌斯·凯撒的影响力——庞培大受欢迎——以庞培之名公开祭天——庞培估计尤利乌斯·凯撒的权力——尤利乌斯·凯撒的计划——尤利乌斯·凯撒抵达拉文那——庞培的要求——尤利乌斯·凯撒要求担任执政官——结局喜人——元老院辩论——骚动与混乱——罗马的恐慌——尤利乌斯·凯撒在拉文那——尤利乌斯·凯撒半夜行动——尤利乌斯·凯撒迷路——尤利乌斯·凯撒在卢比孔河岸——尤利乌斯·凯撒在卢比孔河岸的犹豫——牧羊人小号手的故事——尤利乌斯·凯撒跨河——尤利乌斯·凯撒集结军队——尤利乌斯·凯撒讲话——城镇纷纷投降——指派多米提乌斯取代尤利乌斯·凯撒——罗马陷入恐慌——庞培的窘况——庞培离开罗马——尤利乌斯·凯撒士兵士气高涨——释放多米提乌斯的策略——尤利乌斯·凯撒的信——多米提乌斯忘恩负义——尤利乌斯·凯撒的大度——如今的政治家——尤利乌斯·凯撒到达布林迪西——围攻庞培——庞培计划逃跑——向尤利乌斯·凯撒传递消息——庞培计划成功——尤利乌斯·凯撒执掌罗马——尤利乌斯·凯撒征服不同国家——心思转向庞培

古代意大利北部有一条小河，向西流入亚得里亚海，人们称之为卢比孔河。这条河因下面我们要叙述的事件而名垂青史。

卢比孔河曾是十分重要的分界线，不过，它很小也很不起眼。现在这里有两三条流入亚得里亚海的小河，很难确定到底是哪一条冠以卢比孔河的名字，享誉它的名声。历史上的卢比孔河气势恢弘，连绵不绝，非常显耀，近两千年来一直受人关注。卢比孔河实际上是一条不稳定的溪流，到底是哪一条，一直存疑，无法确定，因为最后这条溪流消失不见了。

卢比孔河非常重要，因为它是意大利北部地区与罗马的分界线。意大利北部地区由波河流域构成。这片地区被称为山内高卢，由高卢的指挥官尤利乌斯·凯撒管理。卢比孔河以南由罗马城直接管辖。为了对外征讨，

意大利北部地区波河流域示意图

罗马人组建了强大的军队，为了防止这些大军威胁罗马自身，他们对军队进入罗马城设置了严格的边界限制和约束。卢比孔河就是罗马北部的边界，高卢的将军们决不能带军跨过这条河，否则就是造反和叛国。因此，卢比孔河就成了限制军权的可见标志和象征。

尤利乌斯·凯撒在高卢的征战即将结束。他越发想统治罗马，想方设法巩固自己在罗马的权力，千方百计防止、阻挠庞培的图谋。在罗马，尤利乌斯·凯撒有自己的党羽，他们以尤利乌斯·凯撒的名义为他做事。他施以大量钱财，让这些人为民众谋取福利，笼络民心，获取支持。比如，他令人重修罗马广场，修得极其雄伟壮观；还举办盛大庆祝会，庆祝会上安排了一系列的赛会、表演和公共盛宴；女儿[①]茱莉亚·凯撒亡故，尤利乌斯·凯撒将她风光大殓；大量给民众分发粮食；遣送大批俘虏到罗马，训练成角斗士，然后到剧院表演，供民众娱乐。多数时候，他也从民众中物色能人志士，这些人在民众中具有一定的影响力，但却因为挥霍无度而债务缠身。尤利乌斯·凯撒就替他们还清债务，赢取他们的支持。这些开销数额巨大，让人震惊。多数人怡然自得，沉浸在尤利乌斯·凯撒给予的欢乐之中的时候，

① 庞培的妻子。——原注

更多的人反思考虑，震撼于这种力量的巨大，很快这种力量就会席卷罗马。

看到庞培获得了与尤利乌斯·凯撒同样的威望和权势，他们非常着急。庞培没有尤利乌斯·凯撒的优势，尤利乌斯·凯撒统治着富饶的行省，从而腰缠万贯，这一点庞培不如他。但庞培始终驻扎罗马，由于性格和行为处事的原因，深受民众喜爱，在罗马威望很高。其实，庞培是罗马的全民偶像。一次，他离开罗马去了那不勒斯，在那里患病，度过几天危险期后就康复了。那不勒斯就有人提议公开祭天，庆祝庞培康复。这一提议受到了热烈追捧，各个城市争相效仿，直至传遍整个意大利。到处都是游行、赛会、表演、庆典，举国欢庆。当庞培从那不勒斯返回罗马时，沿途城镇人群涌动，万人空巷，大家全都出去迎接他。希腊历史学家普鲁塔克说过，沿途的大路、村庄和港口到处都摆满了供奉的物品，举办着娱乐活动。人们头戴花环、手拿火炬，为庞培引路，沿途还铺满了鲜花。

庞培本来就认为自己无论是声望还是权力都远在尤利乌斯·凯撒之上，大病康复引发的民众热情与掌声更证实了他的想法。他说自己并不担心尤利乌斯·凯撒，无需采取什么特别措施，防范尤利乌斯·凯撒从高卢回

希腊历史学家普鲁塔克（中）

归之后可能对自己采取的阴谋诡计。还说，尤利乌斯·凯撒获得的地位正是拜他所赐，想让他倒台易如反掌。

此时，尤利乌斯·凯撒在几个行省的任期即将结束，他预料到自己将会与庞培一争高下。他带领几个军团穿过阿尔卑斯山，逐渐向前挺进。因为尤利乌斯·凯撒有资格跨越山内高卢到达卢比孔河，他脑中萦绕着各种计划，希望能够压倒强劲的对手，获取至高无上的权力。

尤利乌斯·凯撒认为声势浩大地公开宣战，试图吓退庞培，不是聪明之举，这样会引起庞培的强烈反击。应该隐蔽，掩盖自己的计划，使对方放松警惕。于是，尤利乌斯·凯撒带着少量兵力向卢比孔河出发。为避人耳目，他在离河不远的拉文那筑营扎寨，参观当地的风景名胜，尽量避免阴谋诡计的嫌疑。庞培昔日与尤利乌斯·凯撒还是好友的时候，曾借给他一个军团，现在要求他归还。尤利乌斯·凯撒毫不犹豫，按照庞培的要求将军团送回罗马。同时，还附送了自己的部分兵力，以此表明他丝毫不关心自己麾下到底指挥多少兵力。这种行为似乎与谋反罗马政府的野心完全不符。

此时，在罗马，尤利乌斯·凯撒和庞培双方党派的斗争日趋暴力，让人日益恐惧。通过罗马城的朋友，尤利乌斯·凯撒提出竞选罗马执政官的要求。庞培派坚称，

凯撒在拉文那筑营扎寨

尤利乌斯·凯撒若想参选执政官，首先必须放弃军权回到罗马，然后以普通公民候选人的身份参加竞选。这是国家宪法的要求。尤利乌斯·凯撒回复称，如果庞培愿意放下军权，他也愿意，否则，只要求自己，有失公允。尤利乌斯·凯撒还说，自己为国家效力，想要得到一些回报，而且他们也应该主动奖励。作为奖励，一些严格的普通条款，可以适当地对自己做些改变。在绝大部分民众看来，尤利乌斯·凯撒的这个要求合情合理，于是大家纷纷声援。庞培派，以严厉、固执著名的马尔库斯·波尔基乌斯·加图为首，认为这个要求完全不可理喻，坚决暴力反对。双方斗争的激情满城高涨，人群混乱喧闹，极其愤怒、狂热。然而，更多的人冷静理智，他们对马略和苏拉的内战记忆犹新，对即将袭来的危险不寒而栗。庞培却毫不担心，他敦促元老院尽力拒绝尤利乌斯·凯撒的全部请求，还扬言道，倘若尤利乌斯·凯撒胆敢进军罗马，他就能立即召集足够军力，把他踩在脚下进行镇压。

这场斗争充满了动荡冲突、操纵争辩和投票诏令，此处无法一一赘述。庞培不在罗马城，因为他指挥着一支军队，任何将军指挥军队期间，都不能进入城门。最后，元老院激烈的争辩戛然而止，因为其中一个执政官

马尔库斯 · 波尔基乌斯 · 加图

起身离开，说他不想再听大家讨论这个问题，是时候行动了，他会派一名指挥官带领军队防御尤利乌斯·凯撒的入侵。尤利乌斯·凯撒的重要朋友——两位保民官，乔装打扮成奴隶，北上去加入尤利乌斯·凯撒的部队。全国上下骚动不安。显而易见，罗马对庞培的信心不足，而更担心尤利乌斯·凯撒的野心。一时间，就尤利乌斯·凯撒的权力问题，谣言四起，到处流传。尤利乌斯·凯撒态度强硬，坚持反对的人无计可施。为了避免危险，人们制定了上千个计划，而且各持己见，这无疑乱上添乱。最后，整个罗马城都弥漫着恐惧。

与罗马城的情形不同，尤利乌斯·凯撒安静地驻扎在离边界三四十里的拉文那。正在为一所击剑学校建造一座大楼，似乎全神贯注于建筑师们为这座大楼所做的设计和模型。当然，他计划进军罗马，不是单纯依靠现在手中的兵力，还要依赖可能在罗马得到的支持与合作。因此，尤利乌斯·凯撒计划尽量低调、秘密行事，尽量不暴露丝毫暴力迹象，不让周围可能的奸细或其他人发现自己向罗马进军的蛛丝马迹。若被发现，肯定会有人向罗马告发尤利乌斯·凯撒的密谋。于是，就在起事前夜，尤利乌斯·凯撒还在忙碌击剑学校的事情，与将士们漫不经心，假装无所事事，以防有人怀疑。

当天，尤利乌斯·凯撒秘密向南派遣几个军团，命令他们驻扎在卢比孔河岸。他照常与朋友们闲聊吃饭，饭后还一起到公共场所娱乐。夜幕降临，街上一片寂静，他只带了几个侍从秘密出城。不同于往日的装备，为避免引人注意，他们从附近面包店牵来几头骡子，套上马车开始行动。前方火把照明，他们趁夜赶路，却发现因为准备匆忙，备用不足。后来，火把燃尽，向导迷路，尤利乌斯·凯撒——未来的世界霸主，此时茫然失措，不辨西东，直到天色破晓，遇到一位农夫愿意带路。在农夫的带领下，他们回到正路，继续前行，顺利抵达河岸，在那里找到了先遣部队。他们已经在此安营扎寨，静候尤利乌斯·凯撒到来。

尤利乌斯·凯撒在河岸上驻足，思考着这个伟大事业，只要跨过这条河，自己就要深陷其中。站在旁边的军官说，“现在我们还可以撤退，但一旦跨河，就没有了退路。”尤利乌斯·凯撒愣了一会儿，知道这一决定非同小可，也深知此事将会带来的后果，往前一步，可能会实现伟大的梦想，也可能会万劫不复。广大公众的利益也处于危急关头，尤利乌斯·凯撒可能也考虑了，但并没有多加考虑。最终的结果表明，整个罗马世界的历史，几百年来，都依赖于尤利乌斯·凯撒头脑中这个新问题的取舍。

有一座小桥横跨卢比孔河，正处于尤利乌斯·凯撒此刻考察的地方。传说，尤利乌斯·凯撒站在桥上，附近田间走来一位农夫，也可能是牧羊人，手里拿着笛子。这种笛子是一种由芦苇做成的简单乐器，当时乡村歌手广为使用。士兵和一些军官围坐一团，听牧羊人吹笛。还有军中的号兵，带着号子走了过来。牧羊人放下自己的笛子，拿起一个号兵手上的号子，吹起了冲锋号。冲锋号是军队极速前进的信号，牧羊人边吹边过桥。“这是预兆！这是天意！”尤利乌斯·凯撒喊道，“木已成舟，让我们应召神谕，开启伟大的征程！”

说着，尤利乌斯·凯撒跨过小桥，军官们号令拔营起寨，命令各队人马跟随尤利乌斯·凯撒前进。

事实充分证明，尤利乌斯·凯撒一生当中，多数时候都不曾相信什么预兆。同样，也有多数事例证实，尤利乌斯·凯撒总是准备随时利用人们对预兆的迷信，激发将士们的热情，缓解他们的恐惧。因此，牧羊人小号手的故事，不管是纯属偶然，还是尤利乌斯·凯撒为了达到效果所做的故意安排，抑或是当时讲故事的人无中生有或小题大做，都为跨越卢比孔河增添了额外的戏剧效果。最终，孰是孰非只能靠读者定夺。

凯撒抵达卢比孔河

过桥之后，尤利乌斯·凯撒立即集合军队，发表了激情澎湃的讲话，告知全军正在经历的重重危机，表明自己已经完全与大家同呼吸、共命运，力促全军与他并肩作战，完全效忠于他。尤利乌斯·凯撒的言辞极为雄辩蛊惑，并承诺大业成就之后给以丰厚的犒赏。将士们一呼百应，承诺誓死效忠。

紧邻卢比孔河的罗马城镇是阿里米努姆[①]，尤利乌斯·凯撒向该城进发。城中官员主动打开城门迎接尤利乌斯·凯撒，就像迎接自己的指挥官一样。尤利乌斯·凯撒的兵力非常少，只带了一个军团渡河，不过已经派人传令调遣留在高卢的军团，命令他们不得拖延，即刻跟进。虽然增援似乎没有必要，因为城内并无抵抗的迹象。他严令士兵，无论是公共财产还是私人财物，一律不得损坏，行军过程中，也不得对民众有任何敌意。因此，尤利乌斯·凯撒所到之处，无不受到当地群众的普遍欢迎，其他城镇也都纷纷效仿阿里米努姆城的做法，主动投降，远远快于占领速度。

尤利乌斯·凯撒跨河之前，罗马元老院在混乱不堪的辩论、投票之后，最终通过一条法令。这条法令解除了尤利乌斯·凯撒的军队指挥权，任命多米提乌斯担任

① 里米尼的古称。——译者注

凯撒渡过卢比孔河

指挥官。他是尤利乌斯·凯撒进军罗马唯一的真正反对者。多米提乌斯为接替尤利乌斯·凯撒军权，率军越过亚平宁山脉，北上抵达科菲尼乌姆城，约为罗马至卢比孔河三分之一的路程。就在此地，尤利乌斯·凯撒迎面出击，将其重重包围。

短暂围攻之后，尤利乌斯·凯撒占领了科菲尼乌姆。多米提乌斯及其人马全都沦为阶下囚。他们绝望投降，以为尤利乌斯·凯撒会残忍报复，但尤利乌斯·凯撒非

罗马元老院辩论的场景

但没有，反而立即将部队悉数纳入麾下，释放了多米提乌斯。

与此同时，尤利乌斯·凯撒跨过卢比孔河、一路捷战的消息传到罗马，让原本惊慌失措的人们更加惶恐不安。关于尤利乌斯·凯撒兵强力捷，迅速挺进的报告其实有些言过其实。庞培派和元老院尽力散布尤利乌斯·凯撒的恐怖谣言，激发民众的抵抗。现在，尤利乌斯·凯

多米提乌斯

撒突破为他设置的阻碍，一路席卷各个城镇，直逼罗马城，这令他们甚为惊慌。庞培也开始害怕即将来临的危险。元老院召开军事会议，在会上无助地向庞培寻求保护，想避免危险，其实危险正是庞培带来的。庞培曾经说过，任何时候他都能召集一支军队，阻止尤利乌斯·凯撒的脚步。元老们告诉庞培，现在是他采取行动的时候了。

其实，庞培意识到各方面局势都对自己十分不利。有人建议派使者同尤利乌斯·凯撒谈判讲和。不过，那些领导人知道，如此情形之下，与尤利乌斯·凯撒达成任何和解都是自取灭亡，于是庞培否定了和谈的建议。马尔库斯·波尔基乌斯·加图突然离开罗马，去往自己的行省西西里，其他人也四处逃散。庞培无计可施，又不敢停留，只好号召同党与自己一起，趁夜匆忙出逃，没做什么准备，也没有带什么粮草供应，就退往亚得里亚海岸去了。庞培的目的地是布林迪西——马其顿和希腊的常用出发港口。

尤利乌斯·凯撒一直在向罗马逐步挺进。将士们热血沸腾、士气高涨。尤利乌斯·凯撒横渡卢比孔河之时，与国内政府的联系就被阻断，所有物资供应补给全被切断，直到他攻进罗马占领神殿。但士兵们选择无偿为尤利乌斯·凯撒效力，将领们也聚在一起，提出捐献自己的物资。尤利乌斯·凯撒对待将士一向慷慨大方，收到这样的回报，他非常满意。

尤利乌斯·凯撒发现，越向罗马挺进，所到之处的民众越是支持自己的事业。他们震撼于尤利乌斯·凯撒释放多米提乌斯的大度。的确，释放多米提乌斯是一个非常精明的策略，也是慷慨之举。事实上，一个人唯有灵魂深处拥有慷慨大度的精神，才能明白慷慨之举的策略意义。

尤利乌斯·凯撒现存的信件中，有一封给朋友的信中提到了此事。“我很高兴，你赞成我在科菲尼乌姆的做法。这样一来，我们将赢得各方的善意，从而永葆胜利。多数征服者都因残暴不仁而备受世人痛恨，因仇恨激发的后果而没能长久掌权。苏拉是个例外，但我无意效仿他的暴虐。我将以新的方式取胜，广施仁政，巩固政权。”

多米提乌斯忘恩负义，被释放之后，重整旗鼓，再次向尤利乌斯·凯撒开战。尤利乌斯·凯撒得知后，说没有关系。他说，“我做事有自己的原则，他也一样。”

尤利乌斯·凯撒的大度远不止此。昔日与庞培还是朋友时，庞培向尤利乌斯·凯撒推荐了一些军中人选。这些人自然应当感激庞培。尤利乌斯·凯撒起事之后，给他们自由选择的权力，是去投靠庞培，还是留下，都由自己决定。

所以，尤利乌斯·凯撒在各方面都尽显大度本色。他远比庞培慷慨大度、宽容仁慈。本着这种态度，尤利乌斯·凯撒开始了与庞培的伟大较量。庞培命令所有公民都顺从于他，将中立者视为敌人。与庞培相比，尤利乌斯·凯撒在争斗中占上风，他给人选择进退的自由，只要不与他为敌，都是朋友。当今的政治竞选中，多数候选人效仿固执的庞培而不是大度的尤利乌斯·凯撒，通常总是倍加谴责疏远他们的人，而不是那些坚定的对手和敌人。

最后，尤利乌斯·凯撒到达布林迪西，发现庞培已经派出一部分军队越过亚得里亚海进入希腊，正在和其余部队等待船只返回运送他们过海。庞培还在城中筑起了牢固的防御工事。尤利乌斯·凯撒立即下令围攻，建造工事封锁海港入口。命人在港口两侧建造码头，尽量延至深海，还命人打造竹筏，放入深海，连成一排，在深海远处把两个码头连接起来。此外，还在竹筏上建造瞭望塔，派兵驻守，希望堵住所有出口。尤利乌斯·凯撒希望完工之后，能完全封锁庞培，切断他所有可能的逃跑之路。

凯撒（左）与庞培（右），出自一幅壁画

然而，在工事完成之前，庞培的船只就返回了。工事进展十分缓慢，因为建筑工地冲突不断。庞培每日都派竹筏和桨帆船出兵阻挠，有时会射来阵阵飞镖、弓箭甚至标枪，有时会有来自火船的火攻，有时还有巨型战舰的冲击。工人不得不在持续干扰中，排除巨大阻力进行施工。因此，庞培的船得以在防御工事修好之前返回，并设法进入了海港。庞培立即制定计划，设计与剩余部队一起登船。

除了两条通往登船地点的街道外，庞培在城中各条街上都布满障碍和陷阱，用以阻挡尤利乌斯·凯撒在城中的行进速度，以防登船之时，尤利乌斯·凯撒破城追击。为转移尤利乌斯·凯撒的注意力，登船傍晚，庞培在城墙上增设了双倍兵力，命令他们猛烈攻击城外尤利乌斯·凯撒的军队。夜幕降临，庞培的部队通过两条没有设置障碍的街道到达登陆点，快速登船。城内有民众从墙上发出信号，试图向尤利乌斯·凯撒的军队传递军情。尤利乌斯·凯撒的士兵立即拿来大批攀墙的梯子，激动而又焦躁地登上城墙，横冲直撞，很快就攻破城门，占领城市。然而，由于路障和陷阱的存在，再加上夜色漆黑，行动困难，还是让庞培成功登船逃脱。

尤利乌斯·凯撒无船可乘，无法追赶，只能回归罗马。

当然，在罗马，尤利乌斯·凯撒没有遭遇任何抵抗。他重建政府，重组元老院，从公共谷仓中取粮，从朱庇特神殿的国库中拿钱。在登上卡匹托尔山拿取财物时，尤利乌斯·凯撒发现有驻守官员防守。他告诉尤利乌斯·凯撒，擅自入内属违法行为。尤利乌斯·凯撒称，对手持武器的人来说，根本无法可言。守官依然阻止他进门。尤利乌斯·凯撒则说，若不开门，格杀勿论。他威胁道，“你要明白，对我来说，杀人比说话还容易。”于是，那人便不再阻挠，尤利乌斯·凯撒随之进入国库。

卡匹托尔山神殿复原图

此后，尤利乌斯·凯撒在意大利、西班牙、西西里、高卢等地度过了一段时间，在这些反对他统治的地方，进行了严酷的斗争。之后，这些国家全部臣服，他开始谋划跨过亚得里亚海，追捕庞培。

第七章

法沙利亚大决战

精彩看点

集结军队——庞培备战——尤利乌斯·凯撒在布林迪西整装待发——战前动员——尤利乌斯·凯撒强渡亚得里亚海——征服数个城镇——尤利乌斯·凯撒向前挺进——军队深陷危难——尤利乌斯·凯撒焦躁不安——尤利乌斯·凯撒试图横渡亚得里亚海——滞留军队成功登陆——试图谈判——会谈——会谈以武力和混乱告吹——战况不明——树根面包——尤利乌斯·凯撒围困庞培——焦虑的宿敌——尤利乌斯·凯撒和庞培战争的本质——双方都犹豫不决——大军踏入塞萨利——法沙利亚平原——罗马旗手——庞培调配军队——两军对决——庞培驻营外观——庞培的帐篷——庞培胜券在握——法沙利亚战役——庞培战败——恐怖场面——庞培逃回营地——庞培钻进营帐——庞培陷入绝望

尤利乌斯·凯撒和庞培分别在亚得里亚海两岸集结军队，准备应战。此次备战堪称史上规模最大的备战之一，引起了全世界的密切关注。危险中滋生的畏惧和恐慌，使其更加引人注目。尤利乌斯·凯撒征服、整治整个罗马共和国西部地区期间，庞培竭尽所能，集结东部军队扩充军力，并将全部兵力集中在布林迪西对面的马其顿和希腊沿海，因为他知道尤利乌斯·凯撒要从布林迪西那里登船过海。地面上遍布着庞培的军营、分遣队、弓箭手、投石手以及骑兵部队，各个口岸都有士兵把守。海岸线上架满了炮台，礁石上搭建好了堡垒，海面上战舰已经就绪。对岸的尤利乌斯·凯撒率领大军抵达布林迪西，不仅要面对海岸上敌军的顽固抵抗，还要经受亚得里亚海狂风巨浪的考验，严冬的暴风雨在宽阔的海面上激起层层骚动，巨浪在黑暗阴郁的骚动中翻滚不停。

罗马时期的投石手

罗马军队训练的场景

尤利乌斯·凯撒没有船只，因为庞培清除了一切有助于过海的物资。不过，经过多方努力，尤利乌斯·凯撒最终成功筹得船只，可以运送部分兵力，但只能运送人员，军用物资、行囊必须全部滞留。于是，尤利乌斯·凯撒召集军队，发表讲话，声称危险和辛苦的征程已经接近尾声，即将面对与大敌的最终对决，无需携带奴隶、行囊、备用物资等辎重过海，因为他们一定会迎来胜利，能够从敌方获取丰富的补给。

士兵们听了尤利乌斯·凯撒的讲话，深受鼓励，士气大增。先遣队起航入海，在冰冷刺骨、波涛汹涌的海面上颠簸了一夜之后，停靠在对岸离北部区域一段距离的地方。在北部区域，庞培的战舰正在等着他们的到来。尤利乌斯·凯撒登陆的地方，临海环山，暗礁岩石和岬角突兀，崎岖危险。他和先遣部队在此成功登陆，然后派战舰返回去接剩余兵力横渡。

尤利乌斯·凯撒渡海的消息很快传遍沿岸驻地，庞培立即召集战船和军队，向尤利乌斯·凯撒登陆之地进发。战争博弈拉开序幕。尤利乌斯·凯撒船只返回接应剩余兵力的途中，遭到庞培一个海军将领的拦截，多数船只连同士兵都葬身火海，或者被俘。但这只使尤利乌斯·凯撒的将士更加坚定，破釜沉舟、背水一战。尤利乌斯·凯撒带领登陆的部队，沿着海岸线向前挺进，紧跟庞培军队，沿途征服一个又一个城镇。整个国家恐怖遍野，焦虑不堪。此时，对岸余部无法渡海，一方面是由于海上波涛汹涌、船只不足，庞培港口的警戒加强，但主要原因在于尤利乌斯·凯撒不在，无法用他那不顾

在亚得里亚海右岸登陆后的凯撒

一切，但冷静沉稳的胆识鼓舞士气。他们滞留在意大利海岸，焦虑悲观。与此同时，尤利乌斯·凯撒沿着马其顿海岸向前挺进，将庞培军队追至内陆，切断了庞培战船和陆地的联系。庞培战船上的士兵痛苦难耐，急需物资补给和淡水，为避免渴死，只能收集甲板上的露水解渴。尤利乌斯·凯撒的军队也深陷困厄。在海上，庞培的战舰切断了尤利乌斯·凯撒军队的一切补给，把他们围困在陆地一侧。最后，庞培本人连同麾下大军，因危险逼近而惊慌失措。然而，庞培还没有料到命运之神如此无情，很快就要把他压垮。

冬天过去了，局势却毫无进展。如前所述，双方兵力轮番较量，彼此都痛苦难耐、焦虑不堪。滞留意大利海岸的军队一直无法会师，尤利乌斯·凯撒焦躁不安。鼓励、敦促的信息已经传递，军队却迟迟不来。最后，在一个夜色如墨、风雨交加的夜晚，尤利乌斯·凯撒认为狂风暴雨、惊涛骇浪会逼迫虎视眈眈的敌人躲进避风港，不会继续守卫。于是，他决定亲自渡海，带回犹豫不决的军队。他命手下准备一艘船，上船后斗篷遮面，不让船上一起渡海的军官和船员知晓他的计划。船员遵照命令，驶离海岸。他们奋起抵抗狂风恶浪，但成效甚微，鲸波怒浪带来的危机使水手们恐慌不已，于是拒绝继续前进，最后军官下令返航。此时，尤利乌斯·凯撒站了出来，摘掉斗篷对他们说：“朋友们，别怕！尤利乌斯·凯撒与你们同在！”

当然，大家都深受鼓舞，但一切只是枉然。海上障碍重重，难以逾越，为避免船毁人亡，尤利乌斯·凯撒被迫返航。

滞留的军队听闻尤利乌斯·凯撒为了他们试图返航，尽管徒劳无果，但他们深受鼓舞。当敦促的命令再次传来，做好最后的安排后，他们便登船起航，一路上历经千难万险，最后安全登陆。这样，尤利乌斯·凯撒兵力大增，开始规划开春的战事。

双方多次努力，试图进行谈判。但敌对双方彼此仇恨、激烈对抗，彼此给对方带来了艰难痛苦，使双方强烈地互不信任，以致于指派的专员或者特使连常规交流都难以实现。虽然也有过一两次谈判，但都毫无成效。当时的投射武器里程较短，敌对双方的交战距离比现在近得多，最具破坏性的投射也才几英里。有一次，庞培战舰的一些船只靠近海岸，同尤利乌斯·凯撒驻扎此地的一两个副手会谈。还有一次，两军只隔了一条河，双方将士来到河边，隔水大声呼喊，频繁交流。通过这种方式达成协议：召开正式会谈，确定开会时间和地点，

古罗马时期的投射武器——抛石机

由双方自己选定的专员谈判。确实召开了正式会谈，但双方都各带大批侍从跟随。果不其然，谈判结果悬而未决，冲突暴发。最终，会谈以暴力、混乱告吹，双方还相互指责，控诉对方违背应该秉持的信义。

双方大军战事缓慢、战况不明，持续了数月也没有任何决定性战果。期间，也发生过暴力冲突、围追堵截，但多为简短的局部战斗，没有任何大规模决定性的战役。双方你来我往，交替进退。尤利乌斯·凯撒一度遭庞培围困，物资供应被断，士兵们饱受缺粮之苦。后来，他们挖出树根，晒干、研磨成粉、做成面包，士兵们愿意吃树根面包，不愿挨饿，也不愿放弃战斗。他们向尤利乌斯·凯撒表示，宁愿吃树皮，也不愿放弃尤利乌斯·凯撒的大业。一次，庞培的士兵靠近尤利乌斯·凯撒占领的城墙，发现他们食物匮乏，极尽嘲笑、挖苦、戏弄。作为回应，尤利乌斯·凯撒的士兵扔出大量面包，暗示他们物资充裕。

不久，幸运之神开始眷顾尤利乌斯·凯撒。历经多次巧妙地调遣部署和行动，尤利乌斯·凯撒成功脱困。随即开始围堵庞培，使庞培物资短缺，饱受窘迫之苦。尤利乌斯·凯撒切断庞培与外界的一切交流，把溪流改道，避免流经庞培占领的地区。庞培四五万人的大军，还有随行的大量骡马牲畜，需要大量水源。一旦物资匮乏，甚至水源缺乏，就立即面临灭顶之灾。虽然挖井取水，但也收效甚微，水源依然不足。大批役畜死亡，尸体腐烂，污染空气，传染病蔓延，使军队遭受重创，伤亡惨重。其他士兵也萎靡不振，心灰意冷。

所有这些战事中，没有一次决定性的大规模战役。两大对手各自都非常清楚，大战惨败造成的毁灭性打击无法弥补，不可逆转。两个独立国家交战时，任何一方获胜，无论胜利多么彻底，也很难终结双方战争。因为战败方拥有整个国家可以依靠，经此一败仍有可能休养生息，东山再起。即便最终战败，指挥官也不会因此满盘皆输，招致毁灭，可能会和平谈判，然后安全回归故土。倘若民众认为他的失败并非是作为军人的失职，指挥失败，而是受到不可抗力因素的影响，人力因素无法解决，那么他还可以安度余生，享受荣华富贵。而尤利乌斯·凯撒和庞培之间的战争却不属此类。战败就是叛国、篡位，会成为国家公敌。战争输赢决定了今后各自的归宿，正是所谓的“成王败寇”。战胜者将权力合法化，并确立权位，成为九五之尊；战败者势力将惨遭歼灭，被迫流亡、四处漂泊、无家可归。犹如亡命赌注，所以双方踌躇不前，犹豫不决，迟迟不把对方逼入绝境。

由于尤利乌斯·凯撒围困，庞培深陷绝境，缺粮少水、窘迫不堪。最后，庞培孤注一掷，经过一系列攻击，突破了尤利乌斯·凯撒防线，成功解围脱逃。双方大军缓慢退回内陆，在彼此驻地附近徘徊不前，宛如两只猛禽在空中盘旋，争抢食物，不断攻击对方，竞相争夺有利地势，或者设计围困对方。就这样，他们走过平原、跨过河流、爬过大山，直到最后抵达塞萨利中心区域。双方在此驻扎休整，准备决战。

这场伟大战役在法沙利亚平原打响，这个平原也因此名垂千古。庞培兵力雄厚，远超尤利乌斯·凯撒，在此前的局部战争中占尽优势。由此，庞培认为胜局已定。他命令军队沿河岸构筑一条防线，一翼布置在河岸，避免腹背受敌。防线形成战斗小组，一直延伸到平原直至另外一翼。另外一翼布置了骁勇善战的骑兵、投石手和弓弩手，他们严阵以待，尽量充实武器装备，部署兵力，防止尤利乌斯·凯撒从侧翼包抄。然而，据尤利乌斯·凯撒书中描述，虽然他的兵力只有庞培的一半，但表面看

法沙利亚之战

来并没有什么危险。尤利乌斯·凯撒书中说道，庞培兵力近五万人，而他的仅二到三万之间。将帅一般低估自己，高估对手的实力，所以尤利乌斯·凯撒此话不太可信。至于庞培，此战之后，他本人及其麾下追随者彻底覆灭，不可逆转，无法述说真相。

庞培防线延伸到平原后方，这里是安营扎寨之地，营地军人都被拉出去准备作战了。昨夜的营火正悄然熄灭，因为这是一个温暖的夏日清晨。一圈有士兵把守的战壕围着营地，营地一排排的帐篷里几乎空无一人。中间一个华丽的帐篷是统帅之所，装饰极尽奢华辉煌。整个营地，侍从们里里外外，到处忙忙碌碌。有的重新整理士兵突然上岗拿武器留下的混乱；有的为凯旋的战士准备茶点和食物。庞培的帐篷里正在准备一场盛大的宴席。桌子上摆满了各种各样的奢侈品，餐柜里装满了盘子。帐篷里各类器皿以及黄金白银装饰品，将整个帐篷映衬得富丽堂皇。

庞培及其将帅胸有成竹，认为胜利指日可待。不过，这些人之间的平静与和谐已经消磨殆尽。因为多日以来，他们一直喋喋不休，争论打败尤利乌斯·凯撒之后，罗马高层要职的分配，权力、利益的分割。他们认为打败尤利乌斯·凯撒只是时间问题。正因如此，争权夺利的时间也就非常有限。再过几天，他们将统治整个罗马共和国，对即将到来的战利品的瓜分各持己见，个个急不可耐、贪得无厌。

为确保万无一失，庞培下令暂停前进，不要前去迎敌，在两军中间地带严阵以待，静待尤利乌斯·凯撒出击，在部署方位迎战敌军。

最终的决战时刻终于来临，随着号角的吹响，进攻开始。尤利乌斯·凯撒的军队喊声震天，冲进庞培的战队。战斗持续数日，战况惨烈，最后庞培军队节节败退。尽管庞培事先有所准备，部署了延伸至陆地的侧翼部队，但尤利乌斯·凯撒还是成功攻破侧翼，击退骑兵，消灭弓弩手、投石手，最后以精锐兵力直逼庞培后方。庞培军队很快开始全面溃逃，骇人的混战和屠杀接踵而来。战斗的进展总会唤起疯狂的愤怒，尤利乌斯·凯撒的士兵由于愤怒陷入疯狂，现在胜利的狂喜又激发了兴奋。他们紧追着惊慌失措受惊逃跑的庞培士兵，这些士兵要么互相推挤踩踏，要么被追击者的刺刀刺穿倒下，空气中到处回荡着痛苦的哀嚎和受惊的尖叫。然而，现场的血腥恐怖并未减缓敌人的攻击，反而越发激起嗜血敌人的残酷。凯撒军团稳步凶猛攻击敌人，时间一分一秒过去，他们还在继续屠戮对手。场面恐怖惨烈，未睹之人难以想象，目睹之人终生难忘。

庞培意识到败局已定，匆忙逃离战场，神情激愤、惊慌失措。军队早已溃不成军，四散逃窜。有的逃进军营，徒劳地寻求避难；有的逃至其他驻地，慌不择路，期望躲避残酷的追杀。庞培本能地逃回营地。进入营门时，焦躁惶恐地命令营门守卫拼死抵抗、坚守营门，声称自己要去其他营门御敌。之后，庞培便匆匆离开，内心无助、绝望，放弃了抵御的想法，心情沉重地走过营地，一路看到惊慌失措、混乱不堪充斥着整个军营。庞培找到自己的帐篷，冲进去，瘫倒在地。满目的奢华与排场，尽是为迎接胜利所做的安排，现在他却陷入六神无主、彻底绝望的境地。

第八章

庞培逃亡

精彩看点

乘胜追击——庞培休息——庞培乔装打扮——庞培逃出营地——坦佩谷——坦佩谷风景如画——庞培的遭遇——喝水——尤利乌斯·凯撒在庞培的营地——庞培军队撤退——庞培军队投降——庞培在坦佩谷——庞培登船——船长的梦——庞培登上商船——庞培抵达安菲波利斯——庞培的妻子科妮莉亚——庞培妻子的美丽和成就——庞培到达米提利尼——庞培与科妮莉亚重逢——庞培召集一支小型舰队——庞培沿地中海航行——庞培收到更多物资——庞培向埃及寻求庇护——托勒密十三世与克利奥帕特拉七世——庞培到达贝鲁西亚——会议决定谋杀庞培——刺客阿基拉斯——庞培朋友的怀疑——科妮莉亚的恳求——庞培的绝望处境——庞培决定登陆——准备登陆——庞培与妻子告别——刺杀——死气沉沉——刺杀庞培——科妮莉亚——焚尸柴堆

庞培的士兵落荒而逃，到处乱窜。尤利乌斯·凯撒追至军营，庞培军队在营地门口和防御墙上抵抗了一阵，但只是毫无意义的挣扎，很快就被尤利乌斯·凯撒胜利的浪潮湮灭。尤利乌斯·凯撒的士兵不断攻破战壕，一波又一波冲进军营。庞培在营帐中听到嘈杂吵闹之声越来越大，呼喊之声越来越近，终于清醒，召集部下研究对策。一些无处可逃的士兵闯进庞培的营帐。庞培喊道："什么情况？你竟敢闯入我的营帐！"作为一名具有三十年常胜经验的将军，庞培习惯了荣华富贵、绝对权力和最高的军中级别带来的高贵与尊严。毫无疑问，在军营、在征服的城市，庞培的权力一直至高无上。庞培的营帐一直无限奢华、极为壮观，高贵得让人望而却步，即使是国王和王子也会感到无形的威严，心生敬畏。但现在，粗鲁的士兵闯了进来。空气中到处充斥着喧嚣与混乱，而且越来越近，警告这位落幕的英雄，所有防御全被攻破。

庞培从恍惚中清醒过来，立即脱掉盔甲战袍，匆忙伪装，希望能够逃离现场。他骑马从营地后方最便捷的出口逃出，只见此处士兵和守卫也在四处逃窜，乱作一

庞培逃离战场

团。而另一边尤利乌斯·凯撒的军队势如破竹，步步紧逼。庞培逃脱危险营地，立即丢下战马，认为这样更像一个普通士兵，带着一些死心塌地、愿意追随的侍从，拖着疲惫的步伐向东方爱琴海的方向逃去。

此时庞培走在塞萨利国的土地上。塞萨利的地形类似于一个巨型半圆竞技场，群山环绕，溪水流淌，浇灌着肥沃的峡谷和平原，最后汇成一条大河向东流去。这条大河蜿蜒曲折，流经两座大山之间的美丽峡谷，最后汇入爱琴海。这个峡谷就是坦佩谷。世代以来，坦佩谷四季风景如画，闻名遐迩，是柔美与壮观的结合体。庞培沿着河岸上的道路前行，身体疲惫，心情沮丧。尤利乌斯·凯撒彻底胜利的消息从四面八方传到庞培的耳朵里，浇灭了他全部的希望，现在唯一需要考虑的就是个人安全问题。庞培很清楚，自己已经处于被追捕的状态，为了避免敌人追寻踪迹，就尽量避开大城镇，选择偏僻的小路，忍受日益增加的煎熬。最后，到了坦佩谷，庞培饥渴难耐，身心俱疲。他在溪流旁坐下，稍作休息，为继续后面的行程积累一点儿力气。庞培想喝水，却没有盛水的器具。这个曾经有权有势的统帅，军营帐篷里满是美酒，金杯银器应有尽有，如今却只能趴在溪边的沙地上，直接就着溪流喝水。

庞培正心急火燎，千辛万苦逃往海边时，尤利乌斯·凯撒已经彻底击败他的军队。当尤利乌斯·凯撒攻克营地防御时，庞培的军队发现再无安身之地，只能听命于没有逃跑的将领，继续撤退。尤利乌斯·凯撒完全攻占了整个营地，发现随处都是财富与奢侈的痕迹，到处彰显着自信能够战胜的预期。将军们的营帐上盖着桃金娘枝，床上撒满鲜花，桌上布满美食，杯中尽是美酒，准备随时狂欢。尤利乌斯·凯撒照单全收整个营地，安排了心腹护卫队保护这些资产，然后带领士兵继续追击。

庞培的部下逃到附近一座山丘，匆匆构筑防御工事，防备夜晚突袭。山丘旁有一条小溪，他们尽力保护通往水源的道路，以保障水源供给。尤利乌斯·凯撒的部队追逐到此，天色已晚，来不及攻击。同时，尤利乌斯·凯撒的士兵也因连续作战而疲惫不堪，需要休整。然而，他们还是继续奋战，控制了通往小溪的入口，架起临时防御工事进行防守，又派出一队卫兵警戒，其余人马驻扎休息。这让无助的庞培士兵整晚饱受干渴的煎熬，绝望而又焦虑，深知这不是长久之计。第二天清晨，他们便投降了，尤利乌斯·凯撒得到了两万多名战俘。

此时，庞培穿过坦佩谷直奔大海，对沿途美丽壮观的景色视而不见，一心想着命运的颠覆，绝望地思考着

坦佩谷

自己最终可能的毁灭方式。终于，庞培来到了海边，找到了渔夫的小屋过夜。此时，仍有一小部分侍从追随庞培，其中还有些奴隶。庞培遣散了他们，让他们回去找尤利乌斯·凯撒投降，说尤利乌斯·凯撒是一个慷慨大度的敌人，他们不必担忧。留下的随从和庞培一起找到一条小船，准备第二天出发。这是一条内河船，不适合在海上航行，然而，这已是庞培能找到的唯一的船了。

天刚破晓，庞培起来，带着两三名随从上船，桨手们开始沿着海岸划船。不久，他们看到一艘准备起航的商船。碰巧，这艘船的主人见过庞培，知道他的容貌。据一位著名的历史学家叙述，船主在前一天晚上梦见过庞培，梦中庞培伪装成普通士兵的样子，痛苦万分，船主接受了庞培，并施以救援。以当时的情况来说，这并非一个奇怪的梦。因为尤利乌斯·凯撒和庞培之间的斗争，以及最后一战中一方消灭另一方的方式已经人尽皆知。因此，既然船主在最后战争发生之前见过庞培，并且知道尤利乌斯·凯撒是庞培的劲敌，就会日有所思夜有所梦。所以，船主的梦中就可能会出现伸出援手，救助这个落魄英雄的场景。

不管怎样，据说船主看到庞培的小船，就和船员说了自己的梦。庞培已经从陆地逃到海上，以为面临的危险已经结束，未曾想到，在如此情形、如此伪装之下，船员还能认出他。不过，虽然船主的确认出了庞培，但看到庞培处境如此窘迫，他不由悲伤万分，向庞培招手请他上船，下令放下自己船上的救生船，去迎接庞培。庞培登上商船，船主就把这艘船送给他，为他做好一切供应安排，让他感到舒适和有尊严。

庞培乘船到达安菲波利斯，这是马其顿的沿海城市，处于庞培登船的东北方向。当庞培到达港口后，向岸上发布公告，号召当地居民拿起武器，加入他的队伍。然而，庞培没有上岸，也没有采取措施做进一步的安排。只是停在安菲波利斯河中距离岸边不远的地方，停留时间很短，刚收到朋友从岸上送来的钱财及航行所需物资，就又起航了。是否庞培知道尤利乌斯·凯撒正领一支强军而来，他无力抵抗；还是庞培发现当地人民不愿意支持他东山再起；或者整件事都是一个假象，只是为了把尤利乌斯·凯撒引向马其顿，这样自己就能在海上秘密地安全逃亡。到底为什么，时至今日，已经成谜，无从知晓。

庞培的妻子科妮莉亚住在米提利尼的莱斯博斯岛，靠近小亚细亚西海岸。她是一个集美貌、智慧和高尚道德于一身的女子，精通当时的所有知识。研究她的历史学家说，学识渊博的女性的怪癖，在她身上完全找不到。

安菲波利斯遗迹

庞培的妻子科妮莉亚

尤利乌斯·凯撒的女儿茱莉亚·凯撒死后，庞培娶了科妮莉亚为妻，夫妻恩爱有加。庞培在莱斯波斯岛上为科妮莉亚建造了一个美丽的住所。她的生活优雅、从容、光彩，因为自身的魅力，再加上丈夫的伟大和荣誉，受到众人的爱戴和尊敬。科妮莉亚经常听到庞培胜利的消息，讲述者也经常夸大庞培的成就，讨她欢心。

看到庞培的孤船到达米提利尼，科妮莉亚感觉突然掉落云端。一直荣耀无比、幸福快乐的科妮莉亚，听说丈夫沦落为无家可归的流浪汉，现在又亲眼见证，令她既悲伤又难过。科妮莉亚对这突如其来的变故震惊不已，不知所措，庞培也再次感叹遭遇的灭顶之灾。显然，心爱的妻子也不可避免地卷入了彻底覆灭的境地。

虽然如此，在这种痛苦中也并非完全没有快乐可言。丈夫经历灾难，深情的妻子陪伴左右，会滋生一种奇怪的呵护感和安全感。也许妻子什么都做不了，只是默默的关心、怜悯和安慰，也会使他舒服、安心。不过，科妮莉亚也为丈夫提供了一些必要的帮助。她决定无论丈夫走到哪里，都陪伴左右。在他们的共同努力之下，筹集了一支小型舰队，匆忙准备了一些物资，带着那些心甘情愿与他同甘共苦的侍从和追随者登上了船。在此期间，庞培都没有上岸，而是在港口的船上。或许害怕背叛或者突袭，或是因为现在自己落败又绝望，不想暴露在见证过自己辉煌的人面前。

最后，一切就绪，庞培起航。他沿着地中海海岸东行，希望找一处最有利于自己事业的港口停留。然而，所到之处，哪里都是令他胆战心惊的传言，模棱两可、真假难辨。传言说尤利乌斯·凯撒仍在追捕，各省民众也在纷纷站队，有人支持庞培，有人选择尤利乌斯·凯撒。局势一派紧张，庞培的一举一动都必须高度警惕，慎之又慎。有的港口不允许登陆；有的地方朋友太少无法提供保护；还有的地方，虽然官员友好，他却不敢信任。尽管困难重重，庞培还是筹集了一些金钱资助和一定数量的船只人员，最终组成了一支小舰队。庞培辉煌时期在他手下服役的高级将领，个别几个现在仍然追随着他，在船上组成了类似于委员会的机构，跟庞培这位曾经伟大如今落魄的指挥官一起，频繁讨论最佳行动方案。

最终，庞培决定向埃及寻求庇护。其实，这也是唯一的选择，因为除了埃及之外，其他地区的整体局势都明显偏向于尤利乌斯·凯撒。多年以前，庞培曾经帮助过一位埃及国王夺回王位。庞培有很多士兵都留在了埃及，现在依然在那里。老国王已经驾崩，留下了女儿克利奥帕特拉七世和年纪尚幼的儿子托勒密十三世。二人都是老国王指定的王位继承人，指定二人联合执政。然而，托勒密十三世，更确切地说是托勒密十三世的大臣和顾问，驱逐了克利奥帕特拉七世，想单独执政。克利奥帕特拉七世在叙利亚组建了一支军队，向埃及边境进军，想夺回自己应有的权力。托勒密十三世的大臣们带领军队前去迎击克利奥帕特拉七世，托勒密十三世也随军出征。他们到达位于埃及和叙利亚接壤的边境之地的贝鲁西亚——一个地中海沿岸的小镇，登陆，安营扎寨，船只等运输工具一应抛锚停泊。庞培他们认为托勒密十三世会接纳他们，像对待朋友一样，回报庞培对老国王的帮助，却忘记了，感恩这种美德从来不属政治范畴。

庞培的小舰队沿着地中海水域，缓缓驶向贝鲁西亚的托勒密十三世营地。靠近海岸时，庞培和科妮莉亚都有不详的预感，焦虑不安。庞培派了一位使者前去面见托勒密十三世，告知庞培前来寻求庇护。托勒密十三世政府紧急召开会议，讨论此事。

会议上提出了各种建议、多项计划。最后认为，接纳庞培非常危险，会让尤利乌斯·凯撒与自己为敌。如果拒绝，庞培也会视自己为敌。虽然现在庞培失势，难保将来东山再起，回来报仇。因此，最明智的选择就是杀掉庞培。于是，他们决定邀请庞培登陆，上岸之时，

少女时期的利奥帕特拉七世（埃及艳后）

立即将他杀死。这样，不但能取悦尤利乌斯·凯撒，而且庞培死了，再也无法寻仇。提出这个恶毒建议的人说："死狗不咬人！"

最后，托勒密十三世下令让埃及人阿基拉斯执行刺杀任务。他们邀请庞培上岸，并承诺庇护。当庞培的舰队距离岸边不远的时候，阿基拉斯带领一小队全副武装的人，乘船向庞培的桨帆船驶去。

庞培的军官和随从站在甲板上，关注着对面的一举一动。他们密切注意，万分焦急地仔细分辨这些举动，想确定到底是真诚的朋友，还是背叛的图谋。然而，形势并不乐观，庞培的朋友发现岸上没有准备任何符合庞培身份的欢迎仪式，还似乎有点儿像是在等待恶魔降临。只有一艘普通的小船，属于刚刚获得埃及一半统治权的托勒密十三世，还有他的帆船舰队正在起锚，像是准备随时行动。不像是在欢迎朋友，更像是在准备抓敌。科妮莉亚和小儿子站在甲板上观察着，强烈的异样感萦绕着她，身边的士兵并没有觉察。很快，她警惕起来，恳求庞培不要上岸，但庞培觉得为时已晚，无法撤退。如果埃及的桨帆船奉令截留，庞培根本无法逃脱；如果这是蓄谋的暴力，庞培也无力抵抗。类似撤退或者让守卫保护庞培的行为，都会凸显庞培的不信任，立即把自己推向对立面，反而会让埃及人找到正当的敌对理由。至于逃跑，如果埃及的桨帆船收到命令防止他逃跑，又如何能逃。即使逃跑，又能逃往何处？整个世界都在与他为敌。得胜的对手正倾尽罗马共和国的兵力和资源全力追捕。留给庞培的只有孤注一掷，向埃及求助，或者无条件向尤利乌斯·凯撒投降，而庞培的骄傲又不允许他投降。尽管种种迹象表明了危险的存在，庞培还是决定选择相信托勒密十三世，把自己交到他的手中，听天由命。

阿基拉斯的小船靠近了庞培的船只。当小船挨着大船的船舷，阿基拉斯和船上的其他官员向庞培致以最崇高的敬意，称呼庞培为罗马大帝——这一罗马共和国最高统治者的称号。阿基拉斯用希腊语向庞培致辞。当时，只有知识渊博，受过教育的西方人才会说希腊语。他告诉庞培，前面的海水太浅，大船无法靠岸，请庞培跟他上船，随他上岸，埃及国王正在岸上等着迎接庞培的到来。

庞培强行压下心头不详的预感，准备接受邀请，向妻子告别。科妮莉亚紧紧拥抱丈夫，因为他们都有强烈的预感：今日一别，再无相见之日。两名百夫长和两个侍从先登上小船，庞培紧随其后，船夫滑动双桨向海滩驶去。庞培的小舰队和埃及舰队的甲板上挤满了围观的人群，列队的士兵和成群的男人也分散在海岸，全都密切关注着整个上岸过程。

协助阿基拉斯刺杀庞培的人中，有一位罗马军官，曾在庞培手下服役。庞培刚坐进船舱就认出了他，说道："我记得我们以前是战友。"这个人只是点点头，想到即将到来的背叛，非常内疚、自责，不愿回忆曾经还是朋友的日子。实际上，整支队伍都忐忑不安，一方面因为刺杀行动马上开始，心悬一线；另一方面又因刺杀前途未卜、心怀恐惧，都不愿讲话。庞培拿出用希腊语写给托勒密十三世的致辞，认真阅读。整个船舱一片死寂，只有船桨侵入水面的沉闷之声，还有浪花轻拍海岸的呢喃之音，才终于激起一丝生气。

小船抵岸，科妮莉亚仍站在甲板上，忧心忡忡，密切关注着整个过程。有个叫菲利普的侍从，是庞培最喜爱的私人随从，他站起来帮助庞培上岸。菲利普伸手，协助庞培从座位上站起来，这时那个罗马军官站在后面刺向庞培的后背，与此同时，阿基拉斯和其他人也一同拔剑。庞培知道一切都完了。他没有说话，也没有发出任何惊慌的喊叫，虽然科妮莉亚骇人的尖叫如此尖锐，岸上的人都觉得刺耳。可怜的受害者什么也没有说，只听到他喉咙哽咽着发出模糊不清的痛苦声音。庞培把斗篷遮在脸上，倒地不起，一代枭雄人生落幕。

罗马军官刺向庞培

庞培的头颅被砍下

庞培被杀后，尸体被遗弃在岸边

现在，整个现场一片混乱。任务完成，行凶者立即撤退，带走了受害者的人头，以此向尤利乌斯·凯撒证明，庞培真的不在人世。留在船上的军官们，匆忙带着可怜的科妮莉亚起航离开，科妮莉亚悲伤绝望，没有一丝力气。菲利普和他的几名同伴还留在沙滩上，面对爱戴的主人成为无头的尸体，目瞪口呆、茫然无措。大批民众相继涌来，默默观看骇人的场面，震惊过后，在驱赶之下转头离开。第一波群情浪潮消退之后，菲利普一行逐步恢复镇定，开始思考留给他们的唯一安慰，履行庄严的职责，埋葬庞培。他们在河岸上找到了一艘渔船的残骸，取得一些木头，足够焚烧庞培的无头尸体，然后举行简陋的焚烧仪式，收集骨灰，装到瓮里，最后送给了科妮莉亚。后来，科妮莉亚在无尽的痛苦哭泣之中，把他的骨灰葬在了阿尔巴。

第九章

埃及征战

精彩看点

法沙利亚战役后的尤利乌斯·凯撒——尤利乌斯·凯撒的仁慈——尤利乌斯·凯撒追捕庞培——戴安娜神殿的珍宝——尤利乌斯·凯撒在小亚细亚——尤利乌斯·凯撒乘船去埃及——尤利乌斯·凯撒在亚历山大城——罗马束棒——执束杆侍从——庞培头颅被送给尤利乌斯·凯撒——尤利乌斯·凯撒哀悼庞培——庞培的指环印章——尤利乌斯·凯撒对庞培纪念物的尊重——庞培纪念柱——庞培纪念柱的起源——庞培纪念柱——庞培军官投降——尤利乌斯·凯撒的宽宏大量——尤利乌斯·凯撒在亚历山大的地位——尤利乌斯·凯撒干预埃及内政——克利奥帕特拉七世——尤利乌斯·凯撒对克利奥帕特拉七世不道德的感情——托勒密十三世的抵抗——亚历山大战役——法罗斯——法罗斯的壮观——尤利乌斯·凯撒占领法罗斯——法罗斯的位置——尤利乌斯·凯撒身处险境——尤利乌斯·凯撒死里逃生——亚历山大图书馆——亚历山大图书馆的大火——尤利乌斯·凯撒回到罗马——克利奥帕特拉七世后来的冒险——克利奥帕特拉七世的豪华游船——马克·安东尼和屋大维——克利奥帕特拉七世之死

法沙利亚大捷后，尤利乌斯·凯撒视察战场，面对遍野横尸，全然没有得胜将军的狂喜，只有对伤亡士兵的悲悯之情。尤利乌斯·凯撒沉痛凝望眼前的惨状，沉默片刻，说道："他们甘愿血洒战场！"然后，摒除了自责的想法。

尤利乌斯·凯撒对待被俘的敌人宽厚仁慈。一来是天性使然，他一贯慷慨大度、道德高尚；二来是策略使然，友好对待所有官兵，使他们将来支持他的统治。然后，尤利乌斯·凯撒将主力部队遣回意大利，从剩余部队里挑选了一队骑兵，以便快速前进。随后，取道塞萨利和马其顿，追击庞培。

尤利乌斯·凯撒没有海军可以指挥，只能在陆地活动。另外，他也希望带领一支武装军队穿越全国，示威游行，镇压一切企图联合或者帮助庞培的势力。尤利乌斯·凯撒穿过达达尼尔海峡，抵达小亚细亚海岸。在以弗所，有一座大型神殿供奉着戴安娜女神。这个神殿财产丰厚，建筑富丽堂皇，是当时的世界奇迹。神殿的掌管人不知道尤利乌斯·凯撒的到来，打算搬出神殿财产，借给庞培，待他东山再起，得势之时再来偿还。他们召集了一个大型集会，一来让大家见证财产交接，二来做好数量和价值的统计。正要举行大型仪式和游行活动，突然得知尤利乌斯·凯撒渡过达达尼尔海峡，即将抵达。整个进程就被阻止，所有财产全都保留下来。

尤利乌斯·凯撒继续前行，迅速通过小亚细亚。追踪过程中，关于庞培逃跑方向的信息不断传来，谣言模糊不清，尤利乌斯·凯撒一边追击，一边比较、分析庞培的去向。最后得知庞培去了塞浦路斯，认为他的目的地应该是埃及。于是，尤利乌斯·凯撒立即组建一支舰队，从海上追踪庞培。时间流逝，庞培战败逃亡、尤利乌斯·凯撒乘胜追击的消息不断传播、证实。各地政府纷纷放弃毫无希望的庞培，转而支持尤利乌斯·凯撒，给他提供所需物资和帮助。但尤利乌斯·凯撒仍然在组建大型舰队，招募兵马。像拿破仑一样，尤利乌斯·凯撒生命轨迹中的所有伟大事件，依靠的不是大动干戈的准备，而是迅猛的行动。在罗德岛，尤利乌斯·凯撒筹得十艘桨

以弗所的一处遗址

戴安娜女神

复原后的罗德岛

帆船，组成了一支舰队，规模虽小，但效率较高，载着精锐部队，驶向埃及海岸。此时，庞培到达东部边境贝鲁西亚，因为已经听说年幼的埃及国王及其朝廷正在那里抵抗克利奥帕特拉七世的入侵。但尤利乌斯·凯撒没有去贝鲁西亚，而是在大胆的魄力和充沛精力的驱使下，直接向埃及首都亚历山大城进发。

当时，埃及是罗马的盟国。这个国家有王权形式的独立政治制度，但仍然与罗马人民亲密结盟，是罗马共和国不可分割的一部分。因此，尤利乌斯·凯撒率军出现在亚历山大，理所当然地受到了朋友般的接待。尤利

亚历山大城的一处遗址

乌斯·凯撒发现托勒密十三世政府只留下了一支卫戍部队守城。起初，守城军官们表面上对尤利乌斯·凯撒竭诚相待，不久就对尤利乌斯·凯撒的颐气指使和权威态度产生反感。在他们看来，这是对自己国王主权的侵犯。

内心深处的疏远与敌视，会通过微不足道的小事表现出来，当时也是如此。罗马执政官习惯使用一种叫束棒的象征权威的标志。一束笞棒绕斧柄一圈，捆扎在斧头的手柄上，就成了束棒。执政官巡视时，前面走着两

罗马不同时期的束棒

位执束杆侍从，各拿一根束棒，象征身后这个尊贵人物被赋予的权力。

尤利乌斯·凯撒在埃及出行期间，卫军随行，束棒开道，形式上极为庄严。为此，这些埃及官员与民众与尤利乌斯·凯撒之间暴发了争斗。尤利乌斯·凯撒的部队和亚历山大守军之间也发生了诸多摩擦，尽管冲突不很严重，尤利乌斯·凯撒还是认为应该加强兵力，于是，就派人到欧洲调遣军团前来增援。

托勒密十三世朝廷送来庞培死亡的消息，还带来了庞培的人头，以为尤利乌斯·凯撒会欣然接受这个礼物。然而尤利乌斯·凯撒并不高兴，看到这个惊悚场面，立即惊恐转头。多年以来，庞培一直是尤利乌斯·凯撒的同事和朋友，也曾经是尤利乌斯·凯撒的女婿，曾经和他保持着非常亲近的关系。最后两人不幸暴发战争，但庞培并没有做错什么，无论是对尤利乌斯·凯撒，还是对罗马政府。就这场斗争的对错而言，庞培是受害的一方。现在，被战胜他的敌人追击了大半个世界，却遭假装庇护的朋友背叛，被残忍杀害。尤利乌斯·凯撒性格中本能的正义感还没有完全泯灭。想到长期对这个老盟友、老朋友的错误的暴力和追杀，最终使他结局如此惨烈，他有些懊悔，没有因为收到这个可怕的礼物而倍感

埃及使者带来庞培死亡的消息

凯撒见到庞培的人头惊恐地转过头去

欢欣，而是真诚哀悼、诚挚悼念伟大对手的死亡，对谋杀者充满了愤慨。

庞培遇刺时，手上带着一枚指环印章，被埃及官员摘掉，连同庞培身上其他一切值钱的物品一起呈给了托勒密十三世。托勒密十三世又把这枚印章送给了尤利乌斯·凯撒，以此证明庞培已亡。尤利乌斯·凯撒怀着热切而又悲伤的喜悦心情接受了这个纪念品，精心收藏。在余生当中，尤利乌斯·凯撒表现出了对庞培的无限尊重。时至今日，在亚历山大古城的废墟上仍屹立着一根美丽的柱子，约一百英尺高，人们称之为庞培纪念柱。它由三段石头分别组成柱基、柱身和柱顶。石柱的美丽外观和精湛工艺留存至今，完好无损。历史太过悠久，所有相关的起源记录都已丢失。正因如此，它一直被视为一个奇迹，受到世人的赞美。虽然这个纪念柱的历史起源没有流传至今，但传说是尤利乌斯·凯撒在埃及居住期间，为纪念庞培而建。不过，到底是为了彰显尤利乌斯·凯撒打败庞培的战绩，还是为了纪念庞培的品质和军事才能，已经无从考证。更有人怀疑，庞培纪念柱根本就不是尤利乌斯·凯撒建造。

尤利乌斯·凯撒在亚历山大居住期间，庞培的很多军官都去找他投降，因为庞培已死，他们再也无法在他的指挥下集结。尤利乌斯·凯撒诚挚接纳，非常友善，没有因为曾经的敌对而惩罚他们，反而尊重他们在庞培麾下时的忠心和勇敢。实际上，法沙利亚战役后，尤利乌斯·凯撒对庞培麾下的士兵也是同样的宽宏大量。战斗结束时，尤利乌斯·凯撒命令，每位士兵都可以去救一个敌人。这件事更加强烈凸显了这位伟大征服者的宽宏大量和过人智慧。士兵们在战斗和追击过程中被激发的仇恨和报复，立即转变为同情和友善。凶神恶煞的士兵即刻从猎杀敌人为乐的恶人，转变为保护和捍卫俘虏的善人。这就为这些俘虏以后到尤利乌斯·凯撒麾下服

准备战斗的罗马士兵

务，和其他战士亲如兄弟同心协力打下了基础。

尤利乌斯·凯撒很快发现自己在亚历山大城的地位如此强大，就决定利用罗马执政官的身份解决埃及王位继承问题。找到借口干涉埃及内政并非难事，亚历山大城混乱无序、群龙无首。争斗过程中，人民立场不同，斗争激烈，根本无法恢复良好的政府管理功能与公共秩序，除非王位争端问题得到解决。尤利乌斯·凯撒要求埃及政府偿还债务，而当时托勒密十三世的大臣普罗提诺一直拖延不还，引发了敌对和争端。最后，尤利乌斯·凯撒找到或假装找到了普罗提诺策划阴谋谋害自己的证据，决定果断行动。尤利乌斯·凯撒向托勒密十三世和克利奥帕特拉七世发令，要求他们解散兵力，到亚历山大表明各自诉求，交由尤利乌斯·凯撒裁决。

克利奥帕特拉七世听从传唤返回埃及，提出诉求交由尤利乌斯·凯撒裁决。托勒密十三世拒不服从，带领军队向埃及进发，决心把尤利乌斯·凯撒和罗马军队驱逐出境。

克利奥帕特拉七世回来后，发现通往尤利乌斯·凯撒驻地的路上满是敌人。如果去见尤利乌斯·凯撒，可能会落入敌人之手成为囚犯。传说，克利奥帕特七世用计偷偷溜进了尤利乌斯·凯撒的驻地，让人用床单或者毯子之类的东西把她裹起来，背在身后躲过了守卫的拦截。尤利乌斯·凯撒对这个方法和结果都非常满意。克利奥帕特拉七世年轻貌美，让尤利乌斯·凯撒一见倾心，产生了强烈的不道德情感，她也热情回应。尤利乌斯·凯撒支持她的事业，裁定她与托勒密十三世联合执政。

托勒密十三世及其党派拒不接受这个裁决，导致了旷日持久的暴力战争。他不但因为被剥夺王国的正当权力而愤慨，也因为姐姐与尤利乌斯·凯撒的不正当关系而恼羞成怒。托勒密十三世的愤怒与痛苦，以及由此引发的效应，唤起人们对他的强烈同情。尤利乌斯·凯撒发现自己卷入了一场非常严峻的斗争，不断受到生命威胁，差点儿遭受灭顶之灾。然而，对克利奥帕特拉七世的迷恋像魔咒一样控制着他，使他排除千难万险，不顾一切地坚持下去。

为了让克利奥帕特拉七世能和弟弟共同坐上王位，尤利乌斯·凯撒卷入了一场战争，历史上称为亚历山大战争，也衍生了许多奇特而浪漫的故事。亚历山大港口对面的一座小岛上有一个灯塔，叫法罗斯。法罗斯不但因自身建筑的壮丽而出名，更因位于世界上最大商业港口的入口处而闻名，以至于后来被用作通用名词，所有这样结构的灯塔都叫法罗斯，就像任何难题都被称为戈

克利奥帕特七世从毯子里站起来面见凯撒

法罗斯岛上的灯塔复原图

尔迪结一样。法罗斯是一座非常高大的塔楼，据记载有五百英尺高，顶部的灯不断释放出耀眼的光芒，上百海里的水域也能看到。灯塔上有几个连续的故事，用花体镌刻在栏杆、画廊和柱子上。白天的壮丽与夜晚顶部释放的光芒相互辉映，竞相生辉。在遥远辽阔的地中海上，每当遭遇暴风雨，灯塔散发的绚丽光辉都召唤、指引着水手们的到来。古代既没有指南针，也没有六分仪，灯塔的欢迎与指引受到了人们的赞扬。在亚历山大战争中，尤利乌斯·凯撒占领了法罗斯和它所在的小岛。虽然军事上不怎么重要，但由于法罗斯当时是世界七大奇迹之一，在此盛名之下，消息却很快传开。

虽然占领法罗斯并不是什么非凡战功，但港口所有跟灯塔有关的战役都让尤利乌斯·凯撒处于九死一生的境地。在所有的战斗中，尤利乌斯·凯撒习惯于把自己完全暴露在危险中，这一方面是源于他性格中本能的冲动和狂热激进，激烈的战斗往往让他的行为更加强烈，另一方面源于当时流行的带头作用的理念。还有一个激起尤利乌斯·凯撒追求非凡功绩的诱因是他想成为克利奥帕特拉七世崇拜的对象。她关注着尤利乌斯·凯撒的一举一动，看到尤利乌斯·凯撒为了她和她的事业而战，更加欣赏他的勇气和才华。

法罗斯建在一座小岛上，通过桥和码头与大陆相连。攻打这座桥时，尤利乌斯·凯撒和部分士兵受到阻击，被敌人围困。当时，唯一的逃跑方式是驾驶小船到达附近的大船上。慌乱中，大家都涌上这条小船，导致小船超重，随时可能倾倒或者沉没，肯定会给船上大多数人带来生命危险。不管是否会游泳，大家都会互相抓紧对方，纠缠在一起。人掉进水里一定会在慌乱中抓住别人，溺水的人总是紧紧抓住周围的任何东西。尤利乌斯·凯撒料到了危险，跳进水里向大船游去。当时尤利乌斯·凯撒手里还拿着几张纸，可能是作战计划。他左手高举着纸，右手划水，用牙齿咬着他的紫色斗篷拖在水中，向大船游去。斗篷是他共和国权力的标志，他认为敌人会急切地寻找这个斗篷作为战利品，为了保护它，就这么用牙齿咬着。那条小船很快沉没，上面的人也不见了踪影。

亚历山大战争期间，发生了一场严重的灾难，使这场战争在此后的世世代代都蒙上了最悲哀的色彩，这就是亚历山大图书馆的毁灭。埃及人以学识闻名于世，在历代国王的慷慨资助下，这里的学者收集了大量著作。当时的文字都写在羊皮卷上，据说数量达到了七十万卷之多。我们要知道，每一卷羊皮纸书都是一笔一划、用优美的字体写就，耗费大量的人力、物力，所以这些收

与法罗斯岛连通的大桥

亚历山大图书馆

藏受到世人的艳羡也不足为奇。事实上，这里的书籍记载了整个古代文学。尤利乌斯·凯撒放火烧埃及的桨帆船，船离岸太近，大风把火苗刮上码头，引燃了码头上的建筑，大火蔓延到城市的宫殿和其他建筑，波及了亚历山大图书馆，世上再无类似的图书收藏。这场灾难引起了后世文化与科学的断层。整个世界都在永远哀悼这一无法弥补的损失。

尽管在亚历山大战争期间发生了很多不幸事件，但尤利乌斯·凯撒还是像往常一样取得了胜利，打败了年轻的托勒密十三世。可怜的国王在逃亡期间，穿过尼罗河的支流时淹死了。最后，尤利乌斯·凯撒解决了克莉奥佩特拉七世和弟弟的王位之争，在埃及停留了较长时间，之后回归罗马。

克利奥帕特拉七世后来的冒险非常浪漫，这使她的名字广为流传。善良的人生活平静愉快，但逝去之后，个人的故事对别人没有什么吸引力。邪恶之人生活悲惨绝望，非常痛苦，但他的故事却能让人兴趣大增，心情愉悦。

克利奥帕特拉七世的生活满是罪孽，也饱含痛苦。尤利乌斯·凯撒回到罗马后，克利奥帕特拉七世又去罗马见他。尤利乌斯·凯撒以很高的规格接待她，并授予

克利奥帕特拉七世到罗马见凯撒

她所有可能的荣誉。但罗马人却强烈谴责她，认为尤利乌斯·凯撒安排克利奥帕特拉七世和弟弟共同执政，当弟弟到达执政年龄，却遭她毒手。尤利乌斯·凯撒死后，克利奥帕特拉七世从亚历山大前往叙利亚，在一艘游船上会见了尤利乌斯·凯撒的继任者马克·安东尼。这艘游船装饰得富丽堂皇，因此人们称之为克利奥帕特拉之船。之后，众多美丽的船只也被冠以同样的名字。克利

安东尼赴克利奥帕特拉之船会见克利奥帕特拉七世

奥帕特拉七世把自己和马克·安东尼紧密联系在一起，马克·安东尼像尤利乌斯·凯撒一样迷恋克利奥帕特拉七世的美貌和智慧。经历一系列浪漫的冒险，马克·安东尼在一次战斗中被强劲对手屋大维打败。马克·安东尼认为是克利奥帕特拉七世背叛了自己，追到埃及打算杀她。克利奥帕特拉七世藏在茔地，对外散播自己自杀的消息。马克·安东尼懊悔而又绝望地拔剑刺向了自己。临死之际，马克·安东尼知道了克利奥帕特拉七世还活着，命人把自己带到克利奥帕特拉七世面前，最后死在克利奥帕特拉七世怀里。随后她落入屋大维之手。屋大

克利奥帕特拉七世与安东尼宴饮

安东尼命令仆人杀死自己，仆人的利刃没有刺向安东尼而是把自己刺死了，这也为安东尼作出了表率，随后安东尼便自杀了

屋大维与克利奥帕特拉七世

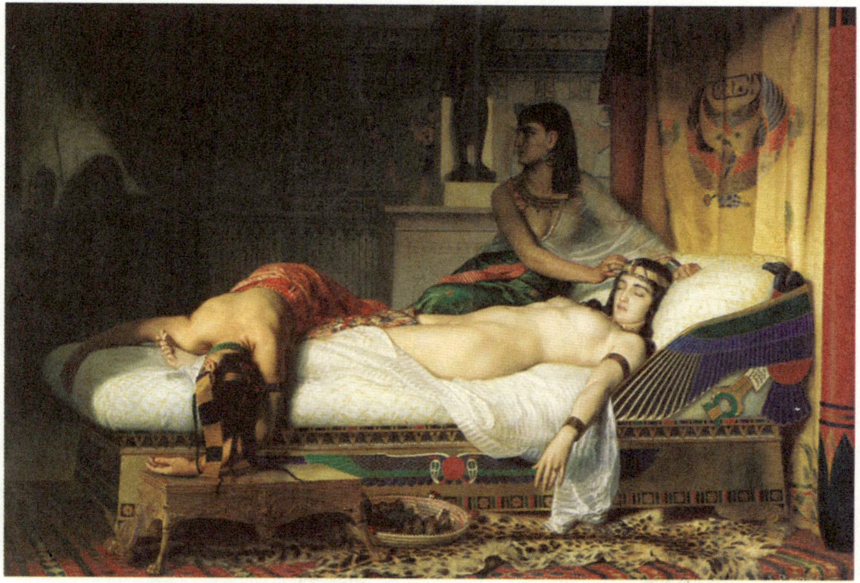

克利奥帕特拉七世中蛇毒而亡，仆人为她戴上王冠

维想把她带到罗马庆祝自己的胜利。为了避免羞辱，同时也厌倦了充满罪恶的生活和各种痛苦遭遇，她决定结束生命。在一场盛大的宴会上，一个仆人把一条毒蛇藏在一大束鲜花中，送给了克利奥帕特拉七世。克利奥帕特拉七世让毒蛇爬上自己赤裸的胳膊，被毒蛇咬伤之后，很快香消玉殒。

第十章

凯撒大帝

精彩看点

尤利乌斯·凯撒再次回到罗马——联合抵制尤利乌斯·凯撒——“我来了，我看见了，我征服了”——尤利乌斯·凯撒独裁——马尔库斯·波尔基乌斯·加图反对——庞培的儿子们——士兵们的抱怨——哗变——军队进入罗马城——士兵的计划——军队游行至城内——战神广场——尤利乌斯·凯撒对全军演说——演说效果——士兵的依附——尤利乌斯·凯撒赴非洲——马尔库斯·波尔基乌斯·加图把自己关在非洲——马尔库斯·波尔基乌斯·加图之死——愚蠢的自杀——尤利乌斯·凯撒在西班牙——打败庞培儿子——大象举火把——尤利乌斯·凯撒凯旋——凯旋的巡游车散架——大象火炬手——战利品和徽章——旗帜和画作——公共娱乐——各种庆典娱乐活动——海上对抗——尤利乌斯·凯撒的权力——授予的荣誉——尤利乌斯·凯撒雕像——内务改革计划——古代历法划分——尤利乌斯·凯撒推行历法改革——新老历法——尤利乌斯·凯撒收集方法施展计划虽然庞培已死，旗下全军覆没，但尤利乌斯·凯撒依然觉得没有完全统治整个罗马共和国。尤利乌斯·凯撒胜利征服的消息席卷罗马治下的整个疆域，虽然有些夸张，但在偏远地区，这个消息的影响力还是有所下降，因为一般人们很少担心远方的危机。尤利乌斯·凯撒在埃及期间，与他对抗的三大势力盘踞在世界其他地域：小亚细亚、非洲和西班牙。尤利乌斯·凯撒势如破竹，将三大强敌一一拔除，向世界展示了令人叹为观止的速度和卓越的军事才能，这也正是尤利乌斯·凯撒备受世人瞩目之处。他首先去了小亚细亚，进行了一场伟大而具有决定意义的战役。他以突如其来、出其不意的方式击败敌军。敌军还不知道尤利乌斯·凯撒军队接近，就被打败了。正是在这场战役中，尤利乌斯·凯撒写下了“Veni，vidi，vici”的铭文。英译为“I came，looked， and conquered”（“我来了，我看见了，我征服了”），但英译后的表达力度和头韵处理方面，失去了铭文本身的韵味。

同时，尤利乌斯·凯撒的财富和成功极大地巩固了他在罗马的地位。罗马人的生活主要依赖于各位战争英雄。他们被派去管理行省，从那里带回巨额财富，支撑罗马。当然，征服者越是伟大、越是成功，就越有资格获得民众心目中的最高权力地位。尤利乌斯·凯撒不在罗马，还是当选为罗马的独裁官，马克·安东尼也成为骑兵统领。这位马克·安东尼就是尤利乌斯·凯撒死后和克利奥帕特拉七世有男女私情的那个人。实际上，在罗马，尤利乌斯·凯撒战功赫赫，功勋显著。当他横渡亚得里亚海向罗马城进发的时候，就已经成为大家共同赞赏、热烈欢迎的对象。

然而，尤利乌斯·凯撒还是无法在罗马安稳立足。因为在非洲，马尔库斯·波尔基乌斯·加图率领着一支强大的部队抵抗他。马尔库斯·波尔基乌斯·加图为人严厉、刚正不阿，一直是尤利乌斯·凯撒的宿敌。现在他认为尤利乌斯·凯撒是共和国的篡位者和敌人，誓与尤利乌斯·凯撒决一死战，抵抗到底。在西班牙，也有一支庞大的军队，由庞培的两个儿子领导，普通的党派

马克·安东尼

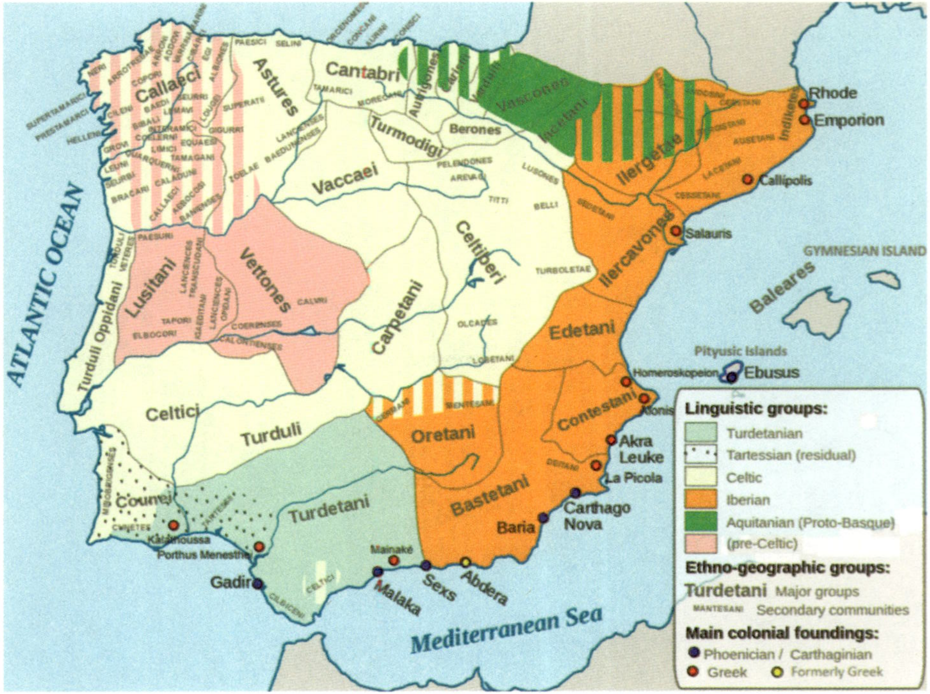
ATLANTIC OCEAN
Mediterranean Sea
Callaeci
Astures
Cantabri
Autrigones
Vascones
Ilergetae
Indiketes
Rhode
Emporion
Callipolis
Salauris
Berones
Turmodigi
Vaccaei
Celtiberi
Lusitani
Vettones
Carpetani
Turduli Oppidani
Celtici
Turduli
Turdetani
Counei
Oretani
Bastetani
Contestani
Edetani
Ilercavones
Baleares
GYMNESIAN ISLAND
Pityusic Islands
Ebusus
Homeroskopeion
Akra Leuke
La Picola
Carthago Nova
Baria
Abdera
Sexs
Malaka
Mainaké
Gadir
Porthus Menesthe
Linguistic groups:
Turdetanian
Tartessian (residual)
Celtic
Iberian
Aquitanian (Proto-Basque)
(pre-Celtic)
Ethno-geographic groups:
Turdetani Major groups
MANTESANI Secondary communities
Main colonial foundings:
Phoenician / Carthaginian
Greek
Formerly Greek

罗马时期的西班牙

政治斗争与替父报仇的愿望融为一体，使战争愈加惨痛、激烈。尤利乌斯·凯撒决定先赴非洲，解决马尔库斯·波尔基乌斯·加图，再横渡地中海挺进西班牙。

然而，还没有启程，尤利乌斯·凯撒就一度卷入非常严重的问题当中。军中普遍不满，最后竟然公开哗变。士兵们抱怨没有得到尤利乌斯·凯撒承诺的奖赏和荣誉，有人想要官位，有人想要金钱，还有人想要土地。他们声称，尤利乌斯·凯撒当时承诺，战争结束就会兑现所有奖励。毋庸置疑，面对自己的成功，他们洋洋自得，陶醉于他们的将军在罗马的影响力，于是就有了期待，但他们的期待和希望太疯狂、太不可理喻，对于士兵来说根本无法实现。因为，无论将领在上战场之前如何夸奖他们，无论在官方调遣中如何在大众面前表扬他们，士兵都只是奴隶，奴隶属于最卑微低贱的级别。

著名的第十军团，也是尤利乌斯·凯撒最喜爱的军团，积极煽动军中的不满情绪。尤利乌斯·凯撒给予他们的关注和赞誉最多，最初是为了唤起他们的斗志，加倍激发他们的激情和勇气。最后，因为经常得到关注和赞誉，他们就虚荣起来、自命不凡、不可理喻。

在第十军团的带领下，全军哗变。他们破坏了驻扎在罗马城外一段距离的营地，向城中游行。尽管在副官的领导下，叛乱的士兵也不听指挥。他们摆脱了平时的束缚，沿途寻衅滋事，扰民骇民，散布恐慌。由于他们的到来，城中民众惊慌失措，恐惧像雪崩一样袭来。

叛乱士兵预计在城门处会遭遇拦截，一旦遇到阻拦，他们就准备直接正面冲突、攻克城门。他们计划进城之

罗马军团浮雕

后，去找尤利乌斯·凯撒请辞。他们知道尤利乌斯·凯撒马上要在非洲发动战争，认为他不可能会真的解散军队，请辞的时候，尤利乌斯·凯撒会请求或劝诱他们留下来，进而士兵们可以达成所有愿望。这就是他们的计划。然而，向对方请辞，是迫使对方接受条件的冒险手段。我们很容易高估自己的重要性，把朋友对我们礼貌、善意的话语当做清醒、审慎的判断。所以，经常有人威胁请辞，要求对方答应自己的条件，最后却惊讶地发现，竟然被批准辞职了。

尤利乌斯·凯撒的叛军到达城门，却没有发现阻拦，只收到了他的命令，命令他们留下除佩剑以外的所有武器，然后进城。他们服从命令，向战神广场行进。战神广场是一个巨型阅兵场，四周有围墙，大家在那里等待尤利乌斯·凯撒。

尤利乌斯·凯撒在战神广场接见了他们，质问他们为什么没有得到命令就擅自离营进城。他们按事先的计划，说要请辞退役。令他们惊讶的是，尤利乌斯·凯撒毫不犹豫满口应允，似乎他们的请求根本就不足为奇。尤利乌斯·凯撒说，大家可以立即解职，自己立即忠实兑现一切承诺，给予大家战争结束后长期辛苦服役的一切奖赏。

战神广场遗址

同时，尤利乌斯·凯撒也深表遗憾。士兵们为了得到他完全乐意、随时准备兑现的奖赏，竟然忘记了身为罗马人的责任，违反了军人应该绝对遵守的神圣纪律。最遗憾的是，自己一直依赖的第十军团竟然插足此事。

尤利乌斯·凯撒语气亲切、体贴，还使用了敬称，称他们为市民，而不是士兵，把他们当做罗马共和国的成员。整个处理效果与尤利乌斯·凯撒的预期如出一辙。唤起了全军的共同愿望，让士兵回归自己的职责。他们派代表到尤利乌斯·凯撒那里，希望收回请命，留在军中服役，随赴非洲。尤利乌斯·凯撒犹豫不决，拖延了一阵之后，同意接受请求，但第十军团除外。他说，自己已经彻底失去对第十军团的信任，不再尊重他们。这个例子完美地阐释了依附的力量，把士兵和指挥官黏在一起。第十军团当然不会解职，他们自愿跟随尤利乌斯·凯撒远赴非洲，一再恳求。最终，尤利乌斯·凯撒确实接受了他们的请求，不过却把他们分开了，与其他部队合并，或者派到偏远地区服役。从此之后，再也没有第十军团的存在。

初冬时节，正是地中海的暴风雨最肆虐的时候。然而，尤利乌斯·凯撒还是立即从罗马出发，向南穿越西西里岛，在那里的海岸安营扎寨，舰队随时准备向非洲运送兵力。和往常一样，在非洲战役中，好运之神再次眷顾尤利乌斯·凯撒。在舰队横渡地中海的时候，多次面临紧急危险、生死攸关，但尤利乌斯·凯撒凭借深思熟虑、技术高超的安排，都化险为夷了。远赴非洲的路途中，攻克了一个又一个军事难题。隆冬时节，军队极度暴露，又疲惫不堪，还要面临马尔库斯·波尔基乌斯·加图大批军力的攻击，但他们成功克服了每一个困难。马尔库斯·波尔基乌斯·加图最后撤退到乌提卡，在那儿带领残部封闭城门，但最终发现，尤利乌斯·凯撒越来越近，没有希望扭转乾坤。马尔库斯·波尔基乌斯·加图严肃认真，刚正不阿的性格使他绝不能忍受投降，尤其是认为尤利乌斯·凯撒是国家公敌或者叛国者。于是，他采取有效措施逃脱了尤利乌斯·凯撒的控制。

马尔库斯·波尔基乌斯·加图假装放弃捍卫这座城市的一切希望，安排士兵从海上逃跑，在港口征集舰队，只要不惧暴风雨的风险，大家都可以乘船。表面上，自己对登船也很感兴趣，傍晚时候，还不停派人到海边打探风速情况，以及登船进展。最后，万籁俱寂，马尔库斯·波尔基乌斯·加图回到自己的房间，躺在床上，用剑刺向自己。或许是伤口的原因，或许是金属穿透身体引起的痉挛所致，他从床上摔了下来。儿子和仆人听到

乌提卡遗址

马尔库斯·波尔基乌斯·加图自杀

声音，冲进房间，把他从地上抬起来，试图包扎伤口止血，但他坚决不从，意识到他们的营救意图，拼命挣脱。马尔库斯·波尔基乌斯·加图的挣扎加剧了伤情的恶化，甚至加速了他的死亡。大家只好听之任之，几分钟后，马尔库斯·波尔基乌斯·加图的生命陨落，人生终结。

马尔库斯·波尔基乌斯·加图的性格及其自杀境况，是有史以来最引人注目的自杀事件，后来也证明是极端愚蠢的行为。在没有信仰之光护佑的情况下，自杀事件的邪恶也情有可原。但至于他的愚蠢，则完全可以得到验证。如果不自杀，而向尤利乌斯·凯撒屈服，本来也是体面的事情，完全不会损害名誉。因为他已经竭尽所能尽力抵抗，尤利乌斯·凯撒应该也会宽容以待，尊重有加，然后把他带回罗马。一两年时间里，尤利乌斯·凯撒不在，马尔库斯·波尔基乌斯·加图可能会，或者一定会恢复元气，东山再起，发挥其影响力，继续为国家做出贡献。为马尔库斯·波尔基乌斯·加图辩护的人可能会说，谁都无法预料将来，马尔库斯·波尔基乌斯·加图也一样。我们认为，即使预料不到具体的事件，他也本应该可以预见社会现状的巨大变迁，形势总会有转机之时，能力总会有用武之地。身处暴风骤雨，无论多么黑暗、多么阴郁，我们一定要知道总会风平浪静，晴空万里只是时间的早晚。同样地，对于人生的变故和荣枯，我们只需简单理解为寻常的阴晴雨雪。

尤利乌斯·凯撒从非洲回到罗马，然后又从罗马到西班牙去攻打庞培的儿子。在西班牙，尤利乌斯·凯撒又一如既往地成功了。庞培的大儿子在战争中受伤，被拖离战场，昏厥过去，差点儿死去。稍微恢复之后，发现无法躲避尤利乌斯·凯撒士兵的追击，只好藏身洞穴，待了一段时间，痛苦绝望。最后被尤利乌斯·凯撒的士兵发现，和他父亲的结局一样，被砍掉头颅，送给尤利乌斯·凯撒。小儿子成功逃脱，成为可怜的流浪汉、不

庞培的小儿子塞克斯都·庞培

法分子。这标志着来自西班牙战场的对抗势力全部肃清。尤利乌斯·凯撒回到罗马，毫无争议地成了整个罗马世界的霸主。

接下来就是尤利乌斯·凯撒的凯旋仪式。凯旋仪式是重大庆典，是罗马共和国时期军事英雄征战胜利、回归罗马城的最高荣誉。尤利乌斯·凯撒这次的凯旋仪式共有四个，对应四次伟大的征战：埃及、小亚细亚、非洲和西班牙。庆祝日期各不相同，中间相隔数日，以示这些战争的重要性，如此设计可以激发民众的普遍兴趣。庆典期间，有一次，尤利乌斯·凯撒乘坐的豪华壮观的巡游车，走在路上居然散架了，尤利乌斯·凯撒受到震荡，差点掉下车来。于是，密集的队伍，包括车队、马队、大象队、旗帜、标语队、战俘队以及各种战利品组成的壮观宏伟的游行队伍，全都停滞下来，耽搁了很久，打乱了既定的时间安排。夜幕降临，终于一切恢复正常，队列开始进城。尤利乌斯·凯撒的才华总是在关键时刻惊人展现，逢凶化吉，他想到了用队伍里的四十只大象做火炬手。大象聪敏温顺，很快就学会了举火把。于是，每头大象都用鼻子举着火把，在人群上方挥动。在熊熊火焰的照耀下，蜿蜒漫长的队伍穿过街道，抵达朱庇特神殿。

凯旋游行队伍中，所有展示的东西都是被征服国家的象征，掳掠的战利品，从敌人手里抢来的旗帜和标语等。游行车上满载金银器皿和其他财宝；可怜的战俘站在敞口马车上，或垂头丧气地走在队伍中，仪式结束，有些战俘就会被公开处决；展出的武器、工具和衣服等物品给罗马人民带来遥远地区，以及被征服国家的风俗理念和物品使用方法，带回的动物也以一贯的方式展出。凯旋仪式的游行队伍中展示的这些东西和其他千万种战利品以及形形色色的徽章，激起群众对胜利者的敬佩，添加了庆典的壮观。其实，在危险的远征过程中，获取一切可能的战利品，从而装点凯旋仪式的壮观辉煌，一直是所有罗马将领关注和行动的伟大目标。

尤利乌斯·凯撒的凯旋庆典中，埃及游行队伍里有克莉奥帕特拉七世的一个妹妹。小亚细亚的队伍中，有一面旗帜，写着著名的铭文："我来了，我看见了，我征服了"。游行队伍中也高悬很多伟大的画作，代表着战争和其他引人瞩目的场景。当然，凯旋庆典的日子，民众极度兴奋，整个罗马一片欢腾。周边其他国家民众也纷纷涌向罗马，一睹凯旋仪式的壮观场面。尤利乌斯·凯撒的伟大和荣耀在整个人类世界流光溢彩，光芒四射。

凯旋仪式上的图画展示

IMP IVLIO CAESARI
OB GALLIAM DEVICT
MILITARI POTENCIA
TRIVMPHVS
DECRETVS INVIDIA
SPRETA SVPERATA

凯旋仪式上的旗帜

凯旋仪式上的战利品

凯旋仪式上的大象

凯旋仪式上的俘虏

凯旋仪式上的乐师

凯旋仪式之后，还有一系列精彩的公众娱乐活动。共有两万多张桌子供民众坐着观看各种各样的表演，其中包括戏剧、马术表演、角斗士角斗表演、角斗士与野兽的对抗表演、舞蹈、战车比赛，以及其他我们所能想到的娱乐活动，从而满足艺术修养较高的人群。但这些人的内心却野蛮残忍。

有些故事流传至今，记录了当时娱乐活动的规模之大，远远超乎我们的想象。例如，有记录说台伯河旁建有一个巨型盆地，足以容纳两只战舰，每个战舰上都有两千名桨手和一千名战斗人员，全部由战俘充当，一队亚细亚人，一队埃及人。一切就绪，他们被迫真正开战，娱乐岸上成群的观众，直到杀光大部分人，鲜血染红整片湖面。还有记录说整个罗马广场，还有附近主要角斗场所的大街，都覆盖着丝绸般的遮阳布，保护观众不受阳光暴晒。搭起数万顶帐篷，容纳来自周边国家的观众，因为人数太多，市内建筑无法满足需求。

所有公开反对尤利乌斯·凯撒的声音都消失殆尽。元老院甚至在与民众竞争，给予尤利乌斯·凯撒他们力所能及的荣誉。罗马最高权力一直落在两个执政官之手，每年选举产生。罗马人非常嫉妒任何人的特殊化，所以执政官一年任期结束，就要回归私人生活。但当时他们却赋予尤利乌斯·凯撒十年执政官的任期，并且是永远的独裁官。还授予尤利乌斯·凯撒“祖国之父”的称号，出生的月份改名为“Julius”，尤利乌斯·凯撒名字中的一个字，并一直沿用至今。还任命尤利乌斯·凯撒为整个共和国军队的总指挥，拥有无限军权，用拉丁语单词“IMPERATOR”表示，意思是最高统治者，“皇帝”，称为凯撒大帝。

尤利乌斯·凯撒非常满足自己的成就和荣耀得到实质的肯定，也非常满足于民众的肯定，那些肯定形式虽小，但同样是对他的普遍尊敬。他们把尤利乌斯·凯撒的雕像置于公共建筑内，游行时候抬着，享受着众神般的待遇。还为他单独订做了装饰华丽的椅子，放置于所有公共集会场所，分外耀眼。尤利乌斯·凯撒坐在上面，聆听辩论或者观看庆典，就像坐在自己的王位之上。他的影响力和直接权力还控制了整个官员的任命。所有这些表明，除了名号称谓，他其实已经是一个君主，一个绝对的国王。

此时，尤利乌斯·凯撒开始为共和国总体利益制定内务改革大计。他希望在自己的努力之下，继续提高罗马民众的福利。民众确实已经托他之福，享受了莫大的恩泽。因为罗马靠统治世界生存，尤利乌斯·凯撒四处扩张，建立统治，通过获取行省和王国的税收和朝贡，罗马积累了无比雄厚的财富。现在，征服大业已经完成，尤利乌斯·凯撒将注意力转向共和国的内部事务，改进管理体系，认真调查各项事务。

时至今日，尤利乌斯·凯撒推行的一项重大改革仍在欧洲完美运转，这项改革就是历法改革。当时，他们使用的阴历和太阳的公转轨迹不能完美契合，以致于年复一年累积下来，阴历的冬天其实是太阳公转的夏天，夏天又正好是冬天。这造成了很大的不便。例如，法律要求某个月做什么事情，想要在夏天完成，结果最后要求的这个月份却是在冬天到来，季节完全相反。尤利乌斯·凯撒采用了新的历法系统，纠正了上面的问题。凯撒历[①]规定一年有三百六十五天，为期三年，第四年为三百六十六天，然后依此类推。他引入的历法时间非常精确，一直应用了16世纪。一千六百年后，人们发现少了十一天，然后就行了新的修正[②]。现在，三千年的时间才会出现累计一天的时间误差。这一历法是尤利乌斯·凯撒请希腊天文学家进行的计算改进。某种程度上，正是因为尤利乌斯·凯撒推行了如上文所述的历法改进，

① 也译作儒略历。——译者注

② 16世纪，罗马教皇格里高利十三世修正采用了新的历法。——原注

尤利乌斯·凯撒的全身像

为了纪念他，人们就把其中一个月叫做为 July（七月），本来这个月叫做 Quintilis。

尤利乌斯·凯撒还制定了其他许多宏伟的计划。他规划了罗马城的公共建筑，使它的规模和宏伟雄踞世界榜首；发起了大型图书馆的馆藏收集；制定了蓬蒂内沼泽的排水计划，通过管道为城市引入大量水源供应，为台伯河开辟了一条由罗马通往大海的新通道，在入海口建造大型人工码头。他打算沿着亚平宁山脉修一条路，在科林斯地峡开凿一条运河，还要规划其他大型工程，把罗马打造成世界商贸中心。总之，他大脑里充满了宏伟的计划，正在收集一切必要的方法和资源，实施计划。

第十一章

刺杀凯撒的阴谋

精彩看点

罗马人非常憎恶“国王”——凯撒在公共剧院中的宝座——凯撒的计划——《西卜林预言》——与帕提亚人交战——凯撒的加冕日——刺杀计划的主谋——该尤斯·卡西乌斯——马库斯·布鲁图——利古里乌斯对凯撒的敌意

尤利乌斯·凯撒的功名和荣耀最后以一种非常暴力的方式突然终结了。他被刺身亡。这件事自始至终都非同寻常。这个伟大的征服者一生都极具戏剧意味，这样戏剧般的结局更是引人注目。

尤利乌斯·凯撒的财富和权力激起了人们背地里的嫉妒，也引起了他们的憎恶。那些期望得到尤利乌斯·凯撒青睐、却没有如愿的人小声嘀咕。那些昔日的竞争对手、后来被尤利乌斯·凯撒超越的人愤恨不已。罗马居民某些特定阶层中有着严格的民主，这种民主不允许个人独揽大权。的确，罗马的主权不是人人可享，只有特权阶层才可享受。在这些特权阶层中，政府职能分化，然后分配，以平衡各种利益，给予各方相应的影响力和权力。各阶层之间斗争冲突频繁，总是发生企图侵犯其他阶层利益和特权的事件。然而，冲突的最终结果总是再次恢复打破的平衡。没有任何一方权力可以完全凌驾于其他各方之上。这样一来，因为所有的君主制元素似乎都被排除在体制之外，所以他们称之为共和。但现在尤利乌斯·凯撒已经把所有权力的主要因素都握在手中，人们怀疑他想名义上公开地称王，或者实际上隐秘地称王。

罗马人对“国王”这个称号非常憎恶。罗马早期是王政时代，也有国王，不过他们自命不凡，压迫人民，令人憎恶，被人民废黜驱逐了。现代欧洲一些国家也有几次类似事例，但事后，民众觉得没有君权好像就不受保护，没有安全感。于是，几年之后，又把被驱逐国王的一支血脉扶上王位，恢复了王权制度。不过罗马人民异常坚定，绝不允许这样的事情发生。当时他们实行共和制已经五百年之久，虽然内部也存在着分歧、冲突，并且斗争不断，但他们却异常坚定，全体一致憎恶帝王权威，以至于五百年来，各路政客、各位将军、各个征服者，虽然都野心勃勃、权力极大，却没有任何一个胆敢称王。

然而，各种迹象很快表明，已经拥有帝王权力的尤利乌斯·凯撒，现在想要帝王的名号。在此情况下，野心勃勃之人不会直接僭取帝王的名号和王室的象征，有人会替他们提出来，但他们假意推辞，直到有机会完全了解民众的意见。下面发生的这些事件就显示了尤利乌斯·凯撒的计划。

罗马的公共建筑中，有一些国王的雕像。我们必须明白，罗马人不喜欢国王，只是不喜欢国王权力统治他们而已。他们尊重，有时甚至崇拜其他国家的国王，尊重他们的丰功伟绩，制作雕像纪念这些国王。罗马人愿意国王统治其他国家，只要不统治罗马，就不会引起他们的反感。与如今的美式感情如出一辙，如果英国女王取得了进步，可能会比在自己的王国还要引人注目，还要光荣。美国人尊重英国王室血脉的古老，钦佩英国政府的高效，羡慕英国的伟大崇高，对女王的权力和特权有着最崇高的见解——这些感情在任何正式场合都能充分体现。美国人愿意，不，美国人希望她继续统治英国。然而，要把女王安放在美国这片土地的宝座上，还需要几百万把刺刀。

因此，和在别处一样，王权在罗马得到了高度尊重。其实，正因人民坚决反对王权统治，对于野心勃勃之人来说，王权反而更加诱人，所以罗马有很多国王的雕像。尤利乌斯·凯撒把自己的雕像放在各位国王之间，有人赞同，也有人小声反对。

罗马城有一个公共剧院，政府官员习惯坐在专门为他们而设的体面的座位上。元老们的座位更加高贵，也更醒目。尤利乌斯·凯撒在那里为自己准备了一个座位，非常像国王的宝座，通体镀金，布满金饰，显得华贵无比，在众多座位中，犹如鹤立鸡群，异常醒目。

在元老院，尤利乌斯·凯撒也有一个类似的座位，是自己的专座，就像英国上议院国王的座位一样。

此外，尤利乌斯·凯撒还举办了许多公开庆祝活动和多个凯旋仪式，纪念自己的功绩和荣耀。在其中一次活动中，他安排元老院一众元老到一座神殿，宣布特意为他通过的法令。大批民众聚集过来，见证这个仪式。尤利乌斯·凯撒坐在华丽的甚至可以称为王位的椅子上，官员和侍从围在旁边。元老院的人到了，尤利乌斯·凯撒没有站起来迎接，而是仍然坐着，像是国王接待自己的臣民代表一样。这件事本身并没有什么重大意义，但人们把它看成了尤利乌斯·凯撒阴谋的迹象，从而引起了广泛关注，激起了普遍热议。这个行为操作巧妙，性质模棱两可，以便次日根据公众情绪酌情解释。有人说，尤利乌斯·凯撒要站起来的时候，站在旁边的官员阻止了他；还有人说，一个军官提醒他站起来，他却皱着眉头拒绝，继续坐着。因此，虽然尤利乌斯·凯撒把元老院视为罗马最高权力中心和政府权威机构，但他如此行

复原后的罗马城（局部）

凯旋仪式上坐在高位上的凯撒

事的意图和阴谋让人心生疑窦，是否只是为了避免招致突如其来的猛烈反对。

此后不久，尤利乌斯·凯撒从一个盛大节庆返回的时候，街上人潮涌动，大批群众跟着他，大声欢呼。突然，一个人走到尤利乌斯·凯撒的雕像前，在经过时，把王冠戴在它的头上，用白色丝带扎好，这是王权的象征。一些军官命令取下王冠，把这人关进了监狱。尤利乌斯·凯撒对这些官员很是不满，罢免了他们的官职，说希望有机会亲自否认“想加冕称王”的说法，而不是让别人代为行事。

然而，人们对尤利乌斯·凯撒如此微弱的否定不以为然，以至于他的名字和帝王的头衔与象征越来越频繁地联系在一起。那些希望获得尤利乌斯·凯撒青睐的人，公开称呼尤利乌斯·凯撒“Rex”。[1] 他回答说，他的名字是凯撒，不是“Rex”，但没有流露任何不快的表情。在一个盛大场合，一名职位较高的官员，也是他的近亲，一再把王冠戴在尤利乌斯·凯撒头上。和往常一样，尤利乌斯·凯撒轻轻推开了王冠。最后，尤利乌斯·凯撒把王冠送进了附近的神殿，说罗马没有国王，只有朱庇特主神。总

---

① “Rex”在拉丁语中是“皇帝”的意思。——原注

尤利乌斯·凯撒经过街头，聚集起来的民众和士兵

古罗马主神朱庇特和蒂蒂斯

而言之，所有行为都表明，尤利乌斯·凯撒想戴上王冠，表现出来的却是人民逼迫他戴，他不停地拒绝。

在罗马城，这些事情产生了非常强烈、普遍的热议，不过一直压抑着。还形成了党派，一派希望尤利乌斯·凯撒称王，一派以命相搏，坚决反对，但没有人敢公开表示支持哪一派。他们用神秘的眼神、隐晦的暗语，表达自己的观点。然而，当尤利乌斯·凯撒拒绝站起来接见元老的时候，许多人沉默着退了出来。当王冠被戴在尤利乌斯·凯撒雕像或他的额头时候，有些人表情凝重，感觉尊严受到了冒犯，也有一部分民众大声喝彩，热情鼓掌。无论什么时候，只要尤利乌斯·凯撒反对加冕的行为，无论是口头还是实际的行为，总有人大声欢呼、称赞。

然而，通常尤利乌斯·凯撒谈到自己的假意和声明时非常谦逊。当感觉到自己深藏不露的野心遭到公众反对时，就会找出一些借口，合情合理地解释自己的行为，否认自己的真实目的。当他像国王一样，坐着迎接元老们宣读为他量身定制的法令时，他回答说，应该减少而不是增加自己的公众荣誉。当发现自己这种行为引起元老们的激愤时，他解释说，由于身体虚弱，只能坐着，站起来会头晕目眩。他可能认为，这些借口能缓和周围激烈动荡的群情，平息他最担心的嫉妒之人和竞争对手的不满，又不会妨碍这种行为对民众产生的影响。总之，他希望民众逐渐习惯看到他就职担任君王，同时，与周围人直接交流时，他表现得谦逊有礼，尽量避免惹怒或者唤起竞争对手的嫉妒和警惕，因为通常竞争对手的权位与他相差不大。

如果这就是尤利乌斯·凯撒的计划，那么事情似乎正在积极向预想的目标发展。罗马民众好像已经越来越明白尤利乌斯·凯撒想加冕称王的想法。起初反对的声音已经消退，或者至少最初日益坚定、愈加危险的公众反对声已经得到抑制。最后，关键时刻到来，可以安然向罗马元老院提出这个主题。当然，此举为冒险尝试，需要机敏、灵活操作。

当时，罗马有各种各样的预言书籍，其中一本叫《西卜林预言》。实际上，世界许多国家和城市也都有类似的书籍。《西卜林预言》认为，将来发生的事可以事先预测。有一些非常古老而又权威的卷轴，保存在罗马神殿里，由监管委员会谨小慎微地保护着。重大场合，监管委员会就查阅《西卜林预言》，以便事先预知公共举措或者伟大事业的结果或影响。

恰巧当时罗马正与帕提亚人交战，帕提亚是亚细亚富甲一方、实力雄厚的国家。尤利乌斯·凯撒准备出兵征服，命人查阅《西卜林预言》。经过一系列例行的庄严仪式之后，查阅官员向元老院汇报称，神圣的预言记载，除了国王，其他任何人都无法征服帕提亚。因此，一位元老提议，为了应付紧急情况，战争期间，应该让尤利乌斯·凯撒称王。起初，对此项建议没有采取任何关键性的行动，毕竟表达任何意见都存在一定的风险。

一组浮雕：罗马与帕提亚人交战的场景

人们若有所思，表情凝重，沉默寡言，就像是大动乱来临的前夕一般。谁都不知道别人在想什么，都不敢表达自己的想法和计划。但大家很快就达成了普遍共识，尤利乌斯·凯撒的朋友们决定给他加冕，指定公元前 44 年 3 月 15 日为尤利乌斯·凯撒的加冕日。

同时，尤利乌斯·凯撒的敌人表面上看似风平浪静，其实并没有无动于衷。他们发现尤利乌斯·凯撒现在已经开始实施称王计划，没有办法公开反对，就设计阴谋刺杀尤利乌斯·凯撒，这样尤利乌斯·凯撒的野心就会

该尤斯·卡西乌斯

寿终正寝。刺杀计划的主谋是该尤斯·卡西乌斯。

长期以来，该尤斯·卡西乌斯一直是尤利乌斯·凯撒的竞争对手和敌人。该尤斯·卡西乌斯性情暴戾、作风粗犷，个性冲动、胆大包天。此人非常喜欢行使权力，但一旦在他身上施以权力就会躁动不安。罗马人有一个共同特点，厌恶国王对自己行使权力。该尤斯·卡西乌斯也是如此，他绝不向尤利乌斯·凯撒屈服，决定刺杀尤利乌斯·凯撒，不让他称王。于是，他非常谨慎地发动位高权重的人参与刺杀行动。其中有些人说，如果能让马库斯·布鲁图参与，他们就一定会和该尤斯·卡西乌斯联手。

马库斯·布鲁图是罗马城的裁判官，在这个城市是级别非常高的市政官员。同谋者都希望马库斯·布鲁图参与行动，部分原因是马库斯·布鲁图裁判官的地位，就好像有了最高公共治安官作为主谋，他们的行为就不是谋杀，而是得到了官方批准，有了制裁和正式执行的权力和尊严。

在这个孤注一掷的行动中，该尤斯·卡西乌斯等更希望获得马库斯·布鲁图道义上的支持，因为马库斯·布鲁图拥有非凡的个人品格。马库斯·布鲁图虽然比该尤斯·卡西乌斯年轻，但他严肃认真、少言寡语、沉着冷静，

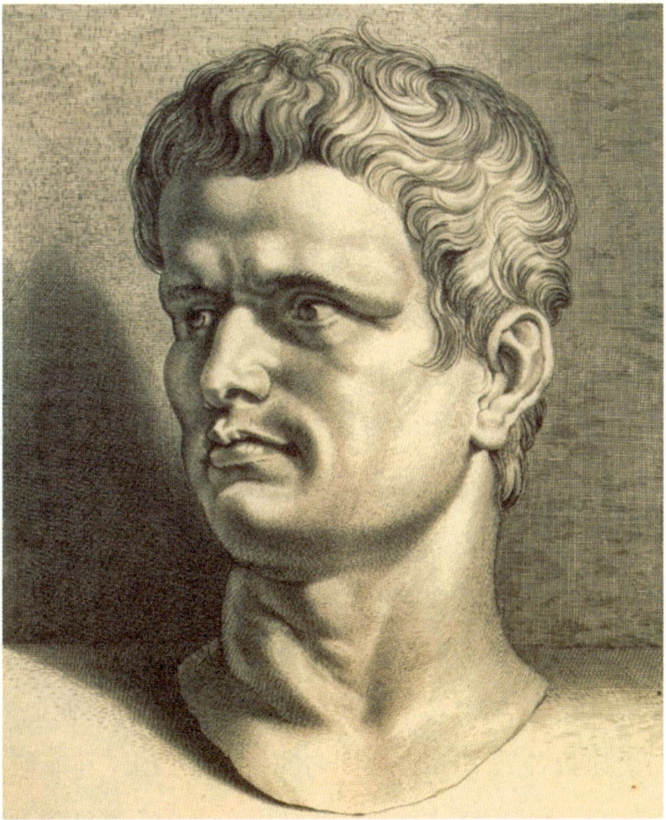

马库斯·布鲁图

同时又刚正不阿、果敢坚毅、无所畏惧。同谋者之间互不信任，因为遇到紧急情况，冲动鲁莽之人容易改变决定。但他们知道无论何事，如果马库斯•布鲁图答应去做，就一定会实施。

“布鲁图”这个名字本身就暗含很多意义。五百年前，卢修斯•朱尼厄斯•布鲁图驱逐了罗马国王。他秘密策划，假装愚蠢，掩盖计划，如传说所言，可能实施计划时机未到之前，没有人监视，也没有人怀疑。他不再言语，像是失智之人，穿行在城市安静、阴暗的角落，像野兽一样到处游荡。他以前的名字叫做卢修斯•朱尼厄斯，后来增加了“布鲁图”以指明身份。最后驱逐国王的时机来临，他突然开口，恢复理智，号召罗马人民拿起武器，成功完成了计划。从此，“布鲁图”就成了“拯救者”的代名词，他的经历也被世人传为佳话。

阴谋者们把尤利乌斯•凯撒视为另一个国王，自然而然想到了他们身边的马库斯•布鲁图，希望他成为另一个“拯救者”。在和自己同名的古代雕像上，马库斯•布鲁图时不时发现铭文，表达想要“布鲁图”复活的愿望。每天早晨，来到履行职责的法庭时，他都会发现夜间留下的简短文字，言简意赅，却寓意深刻，比如，“醒来吧，布鲁图，去履行你的职责。”“你真的是个‘布鲁图’吗？”

卢修斯·朱尼厄斯·布鲁图驱逐罗马国王

尽管如此，马库斯·布鲁图还是不太愿意反对尤利乌斯·凯撒。因为内战结束之后，马库斯·布鲁图与尤利乌斯·凯撒两人一直私交甚好。马库斯·布鲁图曾是庞培的大将，法沙利亚战役中与庞培并肩作战，当时被尤利乌斯·凯撒活捉。尤利乌斯·凯撒战胜庞培，但并没有将马库斯·布鲁图处死，而是选择原谅、赦免了他，让他为自己效力。后来，尤利乌斯·凯撒还提拔了马库斯·布鲁图，让他担任总督掌管最富有的行省，使他地位崇高、风光荣耀。后来马库斯·布鲁图任期结束，满载财富和荣誉，被提拔为罗马城的裁判官。总之，尤利乌斯·凯撒所做之事，无一不是把马库斯·布鲁图当作最信赖、最忠诚的朋友。所以，该尤斯·卡西乌斯和他最初想合谋的人认为，如果马库斯·布鲁图能够加入，他们就会非常安全。他们期望该尤斯·卡西乌斯尽力说服马库斯·布鲁图参与刺杀行动，因为该尤斯·卡西乌斯与马库斯·布鲁图是亲戚关系，他的妻子是马库斯·布鲁图的姐姐。

以前，亲戚关系使两人关系亲近，成为亲密好友。后来彼此慢慢疏远，因为双方竞争同样的职位、同样的荣誉。在这场竞争中，尤利乌斯·凯撒支持马库斯·布鲁图。尤利乌斯·凯撒曾经说过，“该尤斯·卡西乌斯理由充分，但我无法拒绝马库斯·布鲁图的任何要求。”事实上，尤利乌斯·凯撒以为自己与马库斯·布鲁图私交甚好，相信他会全力以赴支持自己的事业。

该尤斯·卡西乌斯去找了马库斯·布鲁图谈话，劝他加入自己的行动。该尤斯·卡西乌斯轻而易举地与马库斯·布鲁图和解了，因为在相互疏远的关系中，该尤斯·卡西乌斯是受伤的一方。该尤斯·卡西乌斯问马库斯·布鲁图是否愿意去元老院出席 3 月 15 日（公元前 44 年）的加冕仪式，作为尤利乌斯·凯撒的朋友，去参加理所应当。马库斯·布鲁图说不去。接着该尤斯·卡西乌斯问：“但假如我们被特别传召呢？”马库斯·布鲁图说：“那么，我会去。如果必要，我将准备随时赴死，坚决捍卫我们国家的民主自由。”

然后，该尤斯·卡西乌斯继说，许多位高权重的罗马市民，也抱着同样的决心，慕名找他领导大家从事必须实现的事业。“人们对待其他裁判官举办的各种赛会、庆典、表演，与对你的期望不同。”该尤斯·卡西乌斯说道。“你的的品格、名字、地位、先祖以及你一直追求的行为准则，都鼓舞着整座城市，人们希望你能成为他们的救星，拯救他们。市民们已经准备随时协助你，甘愿冒生命危险支持你，指望你能够向前一步，以他们的名义，代表他们，在即将到来的关键时刻采取行动。”

外表极度冷静的人，往往内心深处容易激动，因为情绪没有外露而愈加持久，不受控制。马库斯·布鲁图没说什么，但该尤斯·卡西乌斯的话点燃了他的灵魂。他的灵魂深处开始挣扎，一边是尤利乌斯·凯撒政治仕途上的知遇之恩和个人情感；另一边是罗马人的坚定信念：为了国家大义，什么都可以牺牲，包括友情、恩情、财富和生命。他加入行动，立即开始制定执行策略。

一位叫利古里乌斯的将军曾在庞培麾下服役，他对尤利乌斯·凯撒的敌意从未真正平息。当时他生病了，马库斯·布鲁图前去探望，发现他卧病在床。罗马局势如此紧张，尽管紧张气氛已被压抑，大家还是预感会有大事发生。每一个动作，每一个表情都暗含深意。看着马库斯·布鲁图向床榻走来，利古里乌斯从他的表情明白了，他并不只是探病。马库斯·布鲁图说道，“利古里

利古里乌斯

乌斯，现在不是你生病的时候。”利古里乌斯立即起身，说道，“马库斯·布鲁图，如果有什么大事值得你去做，我可以立即病愈。”马库斯·布鲁图向他讲明了计划，然后利古里乌斯怀着满腔热情加入了行动。

刺杀计划一个接一个的透漏给那些最值得信任的人，会议也一次次举行，商讨最终采取的行动计划。大家一致同意，尤利乌斯·凯撒该杀，但具体实施的时间、地点、方式还有待确定。会议上提出各种计划，但有一件对他们来说非常特殊的事——没有人考虑或者提到秘密刺杀尤利乌斯·凯撒。刺杀行动将以最公开的方式进行，以一种崇高而又毫不畏惧的方式——这也是人类一贯认为的真正意义的高尚。鉴于计划执行的是庄严的判决，没有必要偷偷摸摸、私下进行。同谋们仔细考虑了各种可能遇到尤利乌斯·凯撒的公众场合，各种可能刺杀尤利乌斯·凯撒的地方，最后选择了一个最公开的场所。当然，他们的初步计划是保密的，以防尤利乌斯·凯撒采取反制措施。但一旦实施，他们应该立刻站出来，暴露在众目睽睽之下。他们没有计划撤退，没有计划遮掩，也没有计划自我保护。似乎要执行的毁掉君主世界的行为，本质如此崇高伟大，足以超越考虑个人安全的所有因素。不过，所有安排和商谈内容都是绝密的，直到做好一切准备，计划实施，而且要以最公开、最庄严的方式实施，然后平静地等待最终的结局。

在这个问题上，他们认为罗马元老院是最合适的地方。公元前44年3月15日，尤利乌斯·凯撒加冕的日子，是最适合刺杀的日子。

第十二章

凯撒遇刺身亡

精彩看点

尤利乌斯·凯撒多次收到警告——坟墓和铭文——尤利乌斯·凯撒的战马——占卜师——猎鹰与鹪鹩——尤利乌斯·凯撒内心烦躁——尤利乌斯·凯撒的梦——卡尔普尼亚·皮索尼斯的噩梦——心神不宁——尤利乌斯·凯撒犹豫不决——德奇姆斯·布鲁图——德奇姆斯·布鲁图等待尤利乌斯·凯撒——劝说尤利乌斯·凯撒去元老院——阿特米德罗斯发现阴谋——阿特米德罗斯提醒尤利乌斯·凯撒——尤利乌斯·凯撒与斯普林那——尤利乌斯·凯撒到达元老院——同谋者的决定——尤利乌斯·凯撒和庞培的雕像——阴谋者的计划——马克·安东尼——请愿——尤利乌斯·凯撒遇袭——尤利乌斯·凯撒抵抗——庞培的雕像——尤利乌斯·凯撒寡不敌众——尤利乌斯·凯撒死亡——元老们逃离——大骚乱——阴谋者们前往朱庇特神殿——宣扬自己的功绩——尤利乌斯·凯撒伤口数量——奴仆把尸体运回家——阴谋者的讲话——民众的感情——尤利乌斯·凯撒的遗嘱——遗嘱条款——准备葬礼——战神广场——马克·安东尼的演讲——葬礼柴堆——罗马广场焚烧尸体——大火——尤利乌斯·凯撒纪念碑——彗星

据历史学家记载，尤利乌斯·凯撒曾多次收到关乎自己将来命运的警告，但他都置之不理。这些警告中，多是一些奇怪的征兆和预言，记录者们也是半信半疑，虽然不相信，他们还是喜欢在叙述中添加这些内容。这种迷信和神性的内容对当时的读者有极大的影响，有助于增添故事的神圣感，达到戏剧效果。这些警告如下：

卡普亚是罗马南部的一座城市，是意大利的第二大城市，也是汉尼拔·巴卡曾经打算建立都城的地方。尤利乌斯·凯撒打算在这座城市建造华丽的建筑，这是意大利的一项城市规划。工匠们正在忙着拆除一些比较古老的墓葬，为新建筑腾出空间。随着挖掘的推进，大家发现这里是卡普亚之城缔造者的坟墓。最后，工人们终于进入古墓，取出石棺时，发现一段铭文，铭文用希腊文刻在青铜盘上。铭文上说，一旦移动棺椁遗物，尤里乌斯家族的一名伟大子孙将会死于朋友之手，之后将会引起整个意大利的颠覆。

跨过卢比孔河之后，尤利乌斯·凯撒的那些战马就退休了，一直荣耀地生活在尤利乌斯·凯撒给它们准备的豪华公园里。大概是出于某种神秘的本能，或是神谕的昭示，为警告尤利乌斯·凯撒即将到来的灭亡，这些战马不吃不喝，悲伤忧虑地到处乱走，明显是在哀悼即将到来的不幸，方式与人类极其相似。

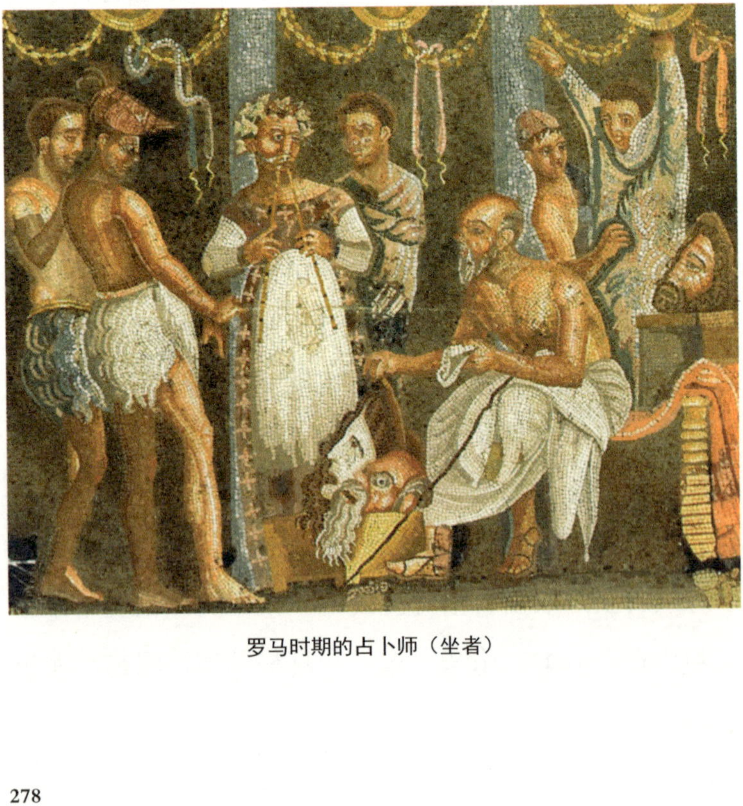

罗马时期的占卜师（坐者）

当时，有一类先知被称作占卜师。占卜师能够预卜未来，不过具体结果比较模糊，不够确切。不过，千真万确，他们能通过观察祭祀中所用动物尸体呈现的特定方式占卜未来。当时，所有重大事件都会咨询占卜师，如遇不吉，一些重大事项就会推迟或者放弃。一天，其中一位叫斯普林那的占卜师来到尤利乌斯·凯撒面前，告诉他在刚刚进行的公共祭祀中，发现异常巨大、神秘的灾难正在降临到尤利乌斯·凯撒身上，和 3 月 15 日（公元前 44 年）的事件有关。让他当天务必特别小心，直至那天结束。

公元前 44 年 3 月 15 日，元老院将在一座崭新、豪华的大楼齐聚。这座建筑本是庞培所建，内部各种装饰物之间还摆放着庞培的雕像。公元前 44 年 3 月 15 日前日，附近树林的一些猛禽飞进大厅，追逐一只嘴里衔着月桂枝的小鹪鹩。猛禽把鹪鹩撕成碎片，月桂枝掉落在大理石地面上。在重大场合时，尤利乌斯·凯撒习惯头戴月桂冠，对这种装饰尤其偏爱，认为月桂枝是自己的徽章。如今月桂枝掉落在地，乃不祥之兆，预示着灭顶之灾即将来临。

公元前 44 年 3 月 15 日前夜，尤利乌斯·凯撒无法入眠。不过，我们也没必要设想什么迷信事件解释他的

庞培所建大楼复原图

清醒。尤利乌斯·凯撒躺在床上，焦躁不安、兴奋不已，即使短暂浅眠，也无法停止思考，往往更加烦躁。这主要是由梦境引起的，因为梦境光怪陆离无法解释。他梦见自己来到天堂，受到了最高天神朱庇特的接见，作为天神的同伴，拥有同样的地位。正在与伟大的众神之父和众神握手时候，突然被可怕的声音惊醒。醒来之后，借着照进房间的月光，他看见妻子卡尔普尼亚·皮索尼斯在梦中呜咽挣扎。他跟妻子说话，把她唤醒。妻子双眼茫然，愣了一会儿，才恢复神智。她告诉尤利乌斯·凯撒自己做了一个可怕的噩梦，梦到屋顶掉落，同时一群强盗、刺客破门而入，拿着短刀刺向了怀中的丈夫。当时的理论认为，这些梦境神秘而又不可思议，预警着即将到来的危险。在我们看来，不管是尤利乌斯·凯撒冒犯神灵的荒唐梦境，还是他妻子支离破碎、毫不连贯的恐怖梦境，都是正常的自然效应。一方面是男人欲壑难填的野心所致，另一方面是女人固有的夫妻之间的依恋和挂念引起。

古代雕刻家通过形态和线条雕刻出男人的形象，由此，我们发现这些身体特征一直没有改变，关于灵魂的爱和激情的历史，似乎也没有变化。尤利乌斯·凯撒与妻子公元前 44 年 3 月 15 日前夜的梦境成为一座某种形式的精神雕塑，代代流传，向我们精确呈现了人类内心世界的本质一直未曾改变。

清晨，尤利乌斯·凯撒和妻子起床，内心都非常不安。尤利乌斯·凯撒下令就当日的游行询问神谕。占卜师按时进来，报告说结果显示不吉。妻子卡尔普尼亚·皮索尼斯也热切恳求丈夫不要去元老院。她有一种强烈的预感，尤利乌斯·凯撒此去将会面临重大灾难。尤利乌

凯撒与妻子卡尔普尼亚·皮索尼斯

斯·凯撒自己也有些犹豫，想把加冕推迟到下次进行。

当天，尤利乌斯·凯撒一直举棋不定。一名叫德奇姆斯·布鲁图的同谋走了进来。此布鲁图非彼布鲁图，不过，也是受邀加入的同谋者之一，掌管大量角斗士。角斗士是亡命之徒，行事不计后果，一旦遇到紧急情况，可以用作合适的武装人员提供援助。

阴谋者按照计划做好一切安排。元老院集会时间到了，就派德奇姆斯·布鲁图到尤利乌斯·凯撒家去，一方面是为了避免尤利乌斯·凯撒猜疑，另一方面是为了确保没有败露。元老们集会时间是下午五点。德西姆斯·布鲁图斯发现尤利乌斯·凯撒犹豫不决、迷茫失措，不知该怎么办，听完尤利乌斯·凯撒的话后，就想尽一切办法催促尤利乌斯·凯撒去元老院。他说，“您已经正式宣告元老院，现在大家已经开始集会，已经做好一切准备给您加冕，您将会是帕提亚和正处于战争的国家，还有其他一切地方，无论海上还是陆地，除了意大利，您都是他们的国王。现在一切已经就绪，大家都在等待着这一伟大的时刻。如果通知他们暂时回家，改日再来，等到卡尔普尼亚·皮索尼斯好梦之日再重新安排，将是多么荒唐！”

德奇姆斯·布鲁图催促道，即使要推迟安排，也要亲自去元老院宣告。说着，他拉着犹豫不决的尤利乌斯·凯撒，稍稍提高了说话的音量，与他一起走了出来。

同谋者都认为已经万无一失。但事实上，还是有人发现了阴谋的始末。那人就是古希腊雄辩老师阿特米德罗斯。他从学生那里获悉了阴谋，因为有些同谋是他的学生。

德奇姆斯·布鲁图拉着凯撒向元老院走去

阿特米德罗斯简要写下了主要内容，因为没有其他方式接近尤利乌斯·凯撒，就决定在尤利乌斯·凯撒去元老院的路上亲自交给他。当然，加冕事件引起了公众的极大兴趣，街上人潮涌动，前来目睹伟大征服者的风采。和平时一样，位高权重的国家官员出现在公众面前，经常会有很多人走上前来，呈递请愿书。

尤利乌斯·凯撒收到了很多请愿书，来不及读就交给随行秘书，由他们保管以备将来审阅。阿特米德罗斯在人群中等待时机，见尤利乌斯·凯撒这样处理请愿书，担心他来不及看到自己的纸条，就挤到尤利乌斯·凯撒跟前，不让别人传递。最后，终于等到机会，亲自交到尤利乌斯·凯撒手里，告诉他，“马上看，关乎你的性命，生死攸关。”尤利乌斯·凯撒接过纸条，正要阅读，但很多新的请愿书不停地传递过来，还不时受到其他打扰，最后放弃了阅读，继续赶路，其他东西都一并交给了秘书，唯有阿特米德罗斯的纸条一直攥在手里。

去元老院的路上，尤利乌斯·凯撒遇见斯普林那，就是那个曾经预言公元前 44 年 3 月 15 日有重大危险发生的占卜师。尤利乌斯·凯撒一看到他，就跟他说，“斯普林那，已经 3 月 15 日了，我平安无事。”斯普林那说，“是的，3 月 15 日已经来了，但还没有结束。”

最后，尤利乌斯·凯撒终于到达元老院，阿特米德罗斯的纸条一直攥在手里没有阅读。元老们已经聚齐，主要阴谋策划者也身在其中。大家都起身迎接他。尤利乌斯·凯撒走到自己的座位上，就坐之后，元老们也开始落座。关键时刻到了，阴谋者们脸色发白、心跳如鼓，觉得要么立刻行事，要么永远放弃。

即使在情绪冲动的情况下，人们也需要极大的勇气平定心情，做出决定，谋杀痛恨之人，更何况还要亲自动手。即使非常善于如此行事的人也很难下手，把匕首刺入活生生的人，尤其是他安详地坐在自己面前，毫无防范，手无寸铁、无法防御，也没有激怒别人。通常怒气是激起人们武力行事的必要条件。所以，有时毫无防御比钢盔铁甲更能保护自己。

即使该尤斯·卡西乌斯自己，整个阴谋的发起者和灵魂人物，此刻也缺乏勇气行事。为了激起怒气，他看向庞培的雕像，这位尤利乌斯·凯撒一直以来最为害怕的宿敌，寻求帮助。庞培雕像给了他帮助，使他灵魂深处的仇恨熊熊燃烧。就这样，对一块石头的同情激起了一位活生生的刺客行动的决心。

预见了采取行动的必要刺激条件，就到了立即行动的时候。阴谋者们一致同意，尤利乌斯·凯撒一落座，

该尤斯·卡西乌斯看向庞培的雕像，以激起怒气

大家就围上来请愿，尤利乌斯·凯撒肯定会拒绝，然后大家就把他围起来强求，混乱中产生激动情绪，大家更容易动手刺杀。

有个人既是尤利乌斯·凯撒的亲戚，也是他的朋友，叫马库斯·安东尼奥斯，在英语叙事中，通常称之为马克·安东尼。这个人就是前面提到的，后来和克利奥帕特拉七世有男女私情的马克·安东尼。他精力充沛、意志坚定。阴谋者们认为他会保护尤利乌斯·凯撒，就指定一个阴谋者把他拉到旁边，故意用其他话题分散他的注意力，一旦马克·安东尼有任何干涉行为，就强行制止。

事情如此安排妥当。按照此前协定，请愿者们拿着请愿书走近尤利乌斯·凯撒，其他人同时跟上，像是在支持所陈之请。请愿的目的是要求赦免其中一位阴谋者的兄弟。尤利乌斯·凯撒拒绝，其他人立即把他围住，强行要求批准，大家似乎谁都不愿意刺下第一刀。尤利乌斯·凯撒开始警惕，试图驱赶他们。其中一个阴谋者拉下尤利乌斯·凯撒的袍子，使他的脖子裸露出来。尤利乌斯·凯撒站起来，大声说道："这是暴乱。"一个同谋此时立即举刀刺向尤利乌斯·凯撒，尤利乌斯·凯撒脖子轻微受伤。

谋杀者举刀刺向凯撒

现场一片恐怖，狂呼乱喊，乱作一团。尤利乌斯•凯撒来不及拔剑，随手用一个锋利铁器抵挡了一阵。当时这种铁器是在蜡染版上刻字用的，尤利乌斯·凯撒正好握在手里，用它刺穿了其中一个人的手臂。

尤利乌斯·凯撒的抵抗正好激怒了阴谋者，成就了他们下定决心刺杀的必要条件。很快，尤利乌斯·凯撒看到了周围剑光闪耀，从四面八方向他刺来。混乱中，元老们站起来，看到这一幕都惊慌失措，不知如何是好。马克•安东尼见状，知道无论自己如何抵抗，都无济于事，于是就无动于衷，什么也没有做。

尤利乌斯·凯撒竭尽全力，独自抵抗了几分钟，向四周求助，但徒劳无功，同时向庞培雕像基座旁撤退。最后，看见马库斯·布鲁图也身居其中，大声惊叫：“你也参与了，马库斯·布鲁图？”似乎从这一刻起，尤利乌斯·凯撒绝望了，放弃抵抗。他用袍子遮住脸，很快就因受伤过重倒地不起。血沿着路面一直流到庞培雕像脚下，仿佛是为了抚慰宿敌的仇恨进行的祭献。

站在事发现场中央，马库斯·布鲁图试图向元老们讲话，告诉他们所做的一切都是迫不得已的正确选择。但场面混乱不堪，人群激愤，根本无人听到讲话内容。其实，元老们正在快速离殿，四散逃开，把消息传向了

凯撒在反抗的过程中被刺倒在地

刺杀者们匆忙逃离现场

四面八方。此事引发了全城骚动，市民们有的关闭商铺，有的紧锁房门，还有的在街上匆匆忙忙、跑来跑去，焦急问询，想打探接下来可能发生的恐怖事件。

马克·安东尼和马尔库斯·埃米利乌斯·雷必达是尤利乌斯·凯撒的两个最忠诚、最有影响力的朋友，他们不知道这个阴谋到底有多大，也不知道阴谋者对尤利乌斯·凯撒及其政党的敌意到底有多深，于是逃走了。他们不敢回家，担心刺客或者刺客同谋去家中搜捕。两人找到愿意收留他们的可靠朋友，就藏匿在了朋友家中。

此时，阴谋分子非常自豪自己的所作所为，纷纷互相祝贺刺杀成功。他们一起从元老院出来，任由尤利乌斯·凯撒的尸体躺在血泊之中，个个手握出鞘之剑，一路向朱庇特神殿游行。马库斯·布鲁图走在最前头，手提长矛，矛尖挑着一顶自由之帽，另外一只手紧握血淋淋的剑，向前走去。

朱庇特神殿是一座城堡，建在卡匹托尔山上，气势辉煌，周围神殿林立，民房错落，使这一带建筑成为世界奇观。马库斯·布鲁图一行边走边向市民宣传，称他们的行为是伟大的救国行动。对刺杀阴谋毫无遮掩，反而非常自豪所做之事。他们成功鼓动了部分民众，有些民众确实加入了游行的队伍，窃取他们的光荣。

马克·安东尼（左）、屋大维（中）与马尔库斯·埃米利乌斯·雷必达（右）

卡匹托尔山上的朱庇特神殿复原图

尤利乌斯·凯撒的尸体躺在那里，没人注意他在哪里。大家的注意力都在席卷整个城市的激情上面，以及对罗马其他地区突发大事的猜测。只有尤利乌斯·凯撒的三个奴仆，围在尸体周围查看伤口，共有二十三处。这足以表明，这些人无论多么迟疑、多么不情愿，最终还是都进行了刺杀行动，而且二十三处伤口，只有一处致命。事实可能是，所有同谋轮流攻击尤利乌斯·凯撒的时候，都是为了履行每人留下一个伤口的承诺，谁都不希望致命一刀出自自己之手。

最后，三个奴仆决定把尸体送回家。他们找来一把可以用杆子抬的椅子，把尸体放在上面。然后，扛着三个手柄，第四个手柄因为没有人手，只能空着，把骇人的尸体送给六神无主的卡尔普尼亚·皮索尼斯。

次日，马库斯·布鲁图和他的助手在罗马广场召集人民大会，发表讲话，解释实施这一行为的动机，证明了他们的所作所为非常必要，是正义之举。民众默默地听着，没有表示赞同，也没有表达反对。其实，不必期待民众会为失去尤利乌斯·凯撒而庆祝。民众认为尤利乌斯·凯撒曾是他们的英雄，也是他们的朋友。对于民众来说，尤利乌斯·凯撒下台既没有带来更多权力，也没有提升自由。对那些野心勃勃的元老，有权有势的将

仆人们将凯撒的尸体抬回家

军，或者国家高级官员来说，他们的既得利益更大，因为他们的前行之路移除了一个强劲的对手。另外，民众认为，一定还会有人领导他们。如果一定要接受管控，他们更愿意接受一个大家认同的伟大领袖的领导，宁愿选择尤利乌斯·凯撒而不是其他元老。

但不难预料，高等权力机构会解散，因为尤利乌斯·凯撒已经从既定王位移除。元老院召开会议，通过了法案，使阴谋者的所作所为合情、合理、合法。但为了尽量满足民众，也给尤利乌斯·凯撒追封了诸多神圣的封号和荣誉，肯定了他执掌最高权力期间的所有功绩，选定时间，举行国葬，安排大型葬礼仪式。

不久，人们找到了一份似乎早已立好的尤利乌斯·凯撒的遗嘱。卡尔普尼亚·皮索尼斯的父亲提议在马克·安东尼家里启封，公开宣读。实际也是这么做的。遗嘱内容刷新了人们对尤利乌斯·凯撒的认知和同情，罗马人民开始珍惜对尤利乌斯·凯撒的记忆。尤利乌斯·凯撒的巨额财产主要分割给姐姐的子孙，因为他自己没有孩子。暗杀尤利乌斯·凯撒的几个主谋受托监管这些财产，其中一个是德奇姆斯·布鲁图，这位在元老院迫切想要刺杀尤利乌斯·凯撒的人，是第二继承人。台伯河附近的一些漂亮花园赠送给罗马人民。还有一大笔钱，分给罗马民众，确保每人都能得到一定数额。

举行葬礼仪式的时间通过公告形式发布，所以人们都知道了这一消息。除了罗马居民，还有众多陌生人，参加葬礼人数众多，以至于花了一天多的时间才编好游行队列。社会各阶层人士都受邀参加，他们都来到战神广场，以自己的方式，带着自己想带的徽章、祭品和献物来到现场。战神广场是一个大型阅兵场，主要用于阅兵、举办赛会和表演等。火葬柴堆架在这里，用于焚烧尸体。葬礼当天会有一场演讲，马克·安东尼为指定发言人。尸体放于一个鎏金榻上，置于神殿形状的华盖之下，安放在葬礼演讲的讲坛前面。榻上铺着朱红和黄色的布，一头放着尤利乌斯·凯撒遇刺当天穿的袍子。袍子沾满血污，还留有阴谋者用剑和匕首刺杀留下的洞。

马克·安东尼没有大肆赞颂亡友，而是请来了沿街呼喊传递消息的人宣读了元老院的法令。这条法令授予尤利乌斯·凯撒无上的荣耀，包括人间世俗的荣誉以及神性的荣誉。然后，马克·安东尼补充了几句。接着，停放在罗马广场的床榻连同尸体一并抬起，准备抬往战神广场的柴堆上，不过，聚集的人群质疑：到底哪里适合焚烧尸体？

人们倾向于在市区范围内找一个最体面的地方。有人建议在卡比托尔山上美丽的神殿进行，有人希望到元老院，尤利乌斯·凯撒被谋杀的地方。元老院不太愿意为这位已故英雄致以过多奢侈的荣誉，借口市内建筑容易引发火灾，支持去一些偏僻的地方。这样马上就引发了争议，不过争议突然被两个人结束了。这两人身配长剑，手执点燃的火把，一手握着膝盖，猫腰奋力穿过人群，点燃了停放尤利乌斯·凯撒尸体的床榻和华盖。

问题得到解决，人群很快陷入狂热的兴奋，就地堆起葬礼柴堆。起初，他们只是把自己带来的柴把扔到火上，然后开始从临近的庭院和门廊取柴，最后开始拿取能拿到的所有可燃之物。从某种意义上说，纪念已故英雄的荣耀与葬礼柴堆的大小成正比。在场的所有民众开始抓取发现的一切东西，无论合适与否，只要能够增加火焰，都扔向火堆。士兵们扔上自己的长矛和梭镖，音乐家扔上自己的乐器，还有人扯下游行队伍设备上的装饰和布，扔向熊熊烈焰。

大火猛烈，范围甚广，蔓延到了附近的房屋，势必需要做出巨大的努力才能防止进一步的火灾。民众目睹此情此景，更加兴奋。就着火势燃起火把，向马库斯·布鲁图和该尤斯·卡西乌斯的家走去，威胁他们要为尤里乌斯·凯撒报仇。

当局成功保护了马库斯·布鲁图和该尤斯·卡西乌斯，使他们免遭暴民的暴力侵犯，但付出了各种艰难困苦。最后，暴乱分子抓来一个叫秦纳的不幸市民，认为他是尤利乌斯·凯撒的敌人。无论秦纳怎么哭喊哀嚎，还是砍了他的头，用长矛挑着人头在城里巡游，充分表明对尤利乌斯·凯撒仇敌的痛恨。然而，如经常发生的

马库斯·布鲁图与凯撒的幽灵

突发暴力事件一样，这些草率又目无法纪的复仇者最后发现弄错了对象，杀错了人。

罗马人民竖起了一根纪念柱纪念尤利乌斯·凯撒，上面刻有“祖国之父”的铭文。纪念柱顶端装有一颗星星的图案。后来，人们举行庆祝活动纪念尤利乌斯·凯撒的时候，一颗巨大的彗星在天空燃烧了七天七夜，大家认为这是尤利乌斯·凯撒的魂灵升入了天堂。

附录
专有名词汉英对照

亚历山大大帝	Alexander
希腊人	Greeks
马其顿王国	Macedon
亚细亚	Asia
巴比伦	Babylon
迦太基人	Carthaginian
汉尼拔·巴卡	Hannibal
地中海	Mediterranean Sea
罗马人	Roman
凯撒	Caesar
罗马共和国	Roman empire
马略	Marius
苏拉	Sylla
米特瑞达斯	Mithridates
塔尔皮亚岩	Tarpeian Rock
塔尔皮亚	Tarpeia
尤利乌斯·凯撒	Julius Caesar
秦纳	Cinna
科涅莉亚	Cornelia
尼科美德	Nicomedes
西里西亚	Cilicia
罗马广场	The Forum

阿波罗尼	Apollonius
罗德岛	Rhodes
马略派	Marian Faction
萨宾人	Sabines
小亚细亚	Asia Minor
比提尼亚	Bithynia
托鲁斯	Taurus
西里西亚人	Cilicians
安东尼乌斯	Antonius
尼西亚	Nicenum
台伯河	Tiber
爱琴海	Aegean Sea
法玛库萨	Pharmacusa
塔兰特	Talent
米利都	Miletus
马其顿	Macedonia
多拉贝拉	Dolabella
非洲	Africa
高卢	Gaul
山内高卢	Cisalpine
山外高卢	Transalpine
阿里奥维斯图斯	Ariovistus
爱杜依人	Aeduans
特兰克维鲁斯	Suetonius
远征大不列颠	Great Britain
沃卢森努斯	Volusenus
普鲁塔克	Plutarch
特伦提乌斯	Terentius
安蒂斯夏	Antistia
梅特卢斯	Metellus
艾米莉亚	Aemilia
直布罗陀海峡	Straits of Gibraltar
西西里	Sicily
布林迪西	Brundusium

亚得里亚海	Adriatic Sea
卢比孔河	Rubicon
波河	Po
那不勒斯	Naples
普鲁塔克	Plutarch
阿尔卑斯山	Alps
拉文那	Ravenna
加图	Cato
阿里米努姆	Ariminum
多米提乌斯	Domitius
亚平宁山脉	Apennines
科菲尼乌姆城	Corfinium
卡匹托尔山	Capitoline Hill
塞萨利国	Thessaly
坦佩谷	Vale of Tempe
安菲波利斯	Amphipolis
米提利尼	Mitylene
莱斯博斯岛	Lesbos
埃及	Egypt
克利奥帕特拉七世	Cleopatra
托勒密十三世	Ptolemy
贝鲁西亚	Pelusium
阿基拉斯	Achillas
菲利普	Philip
阿尔巴	Alba
达达尼尔海峡	Hellespont
以弗所	Ephesus
戴安娜	Diana
塞浦路斯	Cyprus
贝鲁西亚	Pelusium
普罗提诺	Photinus
法罗斯	Pharos
戈尔迪结	Gordian knot
屋大维	Octavius

战神广场	Campus Martius
市民	Quirites
乌提卡	Utica
蓬蒂内沼泽	Pontine Marshes
亚平宁山脉	Apennines
科林斯地峡	Isthmus of Corinth
《西卜林预言》	Sibylline Oracles
帕提亚人	Parthians
卡西乌斯	Cassius
马库斯·布鲁图	Marcus Brutus
卢修斯·朱尼厄斯	Lucius Junius
利古里乌斯	Ligurius
卡普亚	Capua
斯普林那	Spurinna
朱庇特	Jupiter
卡尔普尼亚	Calpurnia
德奇姆斯·布鲁图	Decimus Brutus
阿特米德罗斯	Artemidorus
马库斯·安东尼奥斯	Marcus Antonius
马克·安东尼	Marc Antony
雷必达	Lepidus